커피머신관리사

커피머신 운용 및 수리

커피머신관리사

(사)한국커피협회 지음

목차

1장 에스프레소 머신 운용하기

1. 에스프레소 머신 운용을 위한 지식　11
　1) 에스프레소 머신의 발전과 종류　11
　2) 에스프레소 머신의 분류　12
　3) 에스프레소 머신의 구조　16
　4) 에스프레소 머신의 작동 원리와 방법　21
　5) 에스프레소 머신의 설치와 부품　58

2. 에스프레소 머신 운용을 위한 기술　62
　1) 에스프레소 머신 세팅　62
　2) 커피의 종류(파드, 캡슐 등)에 따른 커피머신 사용　70
　3) 에스프레소 머신의 관리와 세척　71

2장 에스프레소 그라인더 운용하기

1. 에스프레소 그라인더 운용을 위한 지식　93
　1) 에스프레소 그라인더의 종류　93
　2) 에스프레소 그라인더의 구조　94
　3) 에스프레소 그라인더의 작동 원리와 방법　96

2. 에스프레소 그라인더 운용을 위한 기술   103
   1) 에스프레소 그라인더 세팅   103
   2) 에스프레소 그라인더의 관리와 세척   107
   3) 에스프레소 그라인더의 작동 오류 시 이상 유무 확인   111

3장 보조 머신 운용하기

1. 제빙기   119
   1) 제빙기의 정의   119
   2) 제빙기의 구조   120
   3) 제빙기의 관리   121

2. 블렌더   126
   1) 블렌더의 정의   126
   2) 블렌더의 구조   127
   3) 블렌더의 관리   128

3. 온수기   131
   1) 온수기의 정의   131
   2) 온수기의 구조   132
   3) 온수기의 관리   134

목차

4장 커피머신 수리

1. 커피머신 수리 요청 접수   143
   1) 커피머신 부품의 상호 작용과 오작동에 대한 이해   143
   2) 커피머신 수리 요청 접수   148

2. 커피머신 고장 부분 진단 및 수리   150
   1) 커피머신 이상 부분 유추   150
   2) 커피머신 수리에 따른 견적서 작성   152

5장 커피머신관리사 이해도 테스트

1. 에스프레소 머신 운용   171
2. 에스프레소 그라인더 운용   197
3. 보조 머신 운용   206
4. 커피머신 수리   210

커피머신 운용 및 수리

'커피머신 운용'이란 에스프레소 머신, 커피, 그라인더, 보조 커피머신을 파악하고 설정하여 조절 가능한 범위 내에서 커피의 맛을 변화시키거나 유지할 수 있으며, 올바른 관리를 통해 머신의 정상 상태를 오랫동안 유지할 수 있는 능력이다.

'커피머신 수리'란 커피머신 운용 능력을 습득하여, 특수한 장비 및 환경과 고도의 전문성이 필요한 경우를 제외한 범위 내에서, 정상적인 상태로 수리할 수 있는 능력이다.

1장

에스프레소 머신 운용하기

1. 에스프레소 머신 운용을 위한 지식
2. 에스프레소 머신 운용을 위한 기술

1 에스프레소 머신 운용을 위한 지식

1) 에스프레소 머신의 발전과 종류

커피머신의 발전은 커피하우스의 발전과 더불어 피어났다고 할 수 있다. 대중화되고 인기 있는 커피하우스에서는 더 빠르고 더 양질의 커피를 추출할 수 있는 방법이 필요했고, 이에 19세기 이탈리아 북부를 중심으로 여러 가지 머신이 고안되었다.

1901년 이탈리아 밀라노에서 루이지 베제라(Luigi Bezzera)에 의해 증기압을 이용한 머신이 개발되었고 1905년 데지데리오 파보니(Desiderio Pavoni)가 대중적이고 발전된 커피머신을 개발함으로써 이탈리아 카페를 중심으로 라파보니(La Pavoni) 커피머신이 보급되기 시작하였다.

다만, 당시의 기술로는 한꺼번에 많은 잔의 커피를 연달아 뽑아내기는 어려웠다. 1.5bar 증기압의 뜨거운 물로 커피를 추출하다 보니 강한 쓴맛과 잡미 성분까지 추출되는 문제에 봉착하게 되었고 이를 해결하기 위해 고민하게 되었다.

1935년에는 프란체스코 일리(Francesco Illy)가 개발한 압축된 공기압을 이용하여 추출물 온도를 낮추어 쓴맛을 줄일 수 있는 일레타(Illetta)가 소개되었으나 압축 공기를 일정하게 조절하기가 어려워 널리 애용될 수는 없었다.

이후 지오바니 아킬레 가찌아(Giovanni Achille Gaggia)는 1948년 기존 증기압 머신을 개조해 피스톤 원리를 응용한 레버 방식을 적용하여 적당한 온도와 높은 압력을 가할 수 있도록 고안하였다.

레버 방식 커피머신의 문제는 높은 온도에서 추출이 이루어지다 보니 얻어진 크레마와 향이 빨리 사라진다는 문제점을 안고 있었다. 이를 보완하여 개발된 머신이 증기압 대신 수압을 이용하여 추출하는 방식으로, 1950년대 에스프레소 머신이 현대화된 시기와 맞물려 수압식 커피머신이 탄생하게 되었다.

이 당시 만들어진 커피머신은 현재의 일반적인 보일러 시스템과 펌프를 장착하게 되어 현재 커피머신의 근간이 완성되었다.

현재의 에스프레소 머신을 분류할 수 있는 방법은 다양하지만, 구조에 따라 분류해 보면 크게 수동식, 반자동식, 완전자동식으로 나눌 수 있다.

2) 에스프레소 머신의 분류

[표 1-1] 에스프레소 머신의 종류 및 특성

종류		특성
수동식	수동 머신 (Manual espresso machine)	사람의 힘으로 피스톤을 작동하여 추출하는 방식
반자동식	반자동 머신 (Semi automatic espresso machine)	탬핑을 하여 추출하는 방식으로 추출 버튼이 온오프(on-off)로만 되어 있고 플로우 미터(flow meter)가 없는 것
	자동 머신 (Automatic espresso machine)	별도의 그라인더를 통해 분쇄를 한 후, 탬핑을 하여 추출을 하나 메모리칩이 장착되어 있어 수량(水量)을 자동으로 세팅할 수 있는 방식
완전자동식	완전자동 머신 (Super/Fully automatic espresso machine)	그라인더가 내장되어 있어 별도의 탬핑 작업 없이 메뉴 버튼의 작동만으로 추출하는 머신

*2급 바리스타 자격시험 예상문제집을 참조하여 재구성

본 책에서는 수동식, 반자동식, 완전자동식으로 그 종류를 크게 3가지로 구분하였다. 그중 반자동식 커피머신은 별도의 그라인더를 통해 분쇄하고 탬핑하여 추출을 하는 것으로, 반자동 머신과 자동 머신으로 다시 나눌 수 있다. 완전자동 머신은 그라인더가 머신에 내장되어 있는 경우를 말한다.

본 책에서의 커피머신에 대한 설명은 반자동 머신을 위주로 전개했으며 완전자동 머신은 제외시켰다. 또한 반자동 에스프레소 머신을 보일러 구조에 따라 나누기도 하는데, 반자동 머신은 커피 추출을 위한 커피보일러의 방식에 따라 관통형(혹은 삽입형)의 간접가열 방식(중탕 방식)과 독립적으로 따로 떨어져 있는 직접가열 방식으로 크게 나눌 수 있다.

[표 2-2] 커피보일러 형태에 따른 분류

간접가열 방식	관통형	간접가열 방식의 대표적인 보일러 방법이다. 커피보일러는 메인(스팀, 온수)보일러 내부를 관통하고 있다.
	삽입형	커피보일러의 파이프나 통이 메인(스팀, 온수) 보일러에 삽입되어 있는 형태이다. 커피보일러는 추출헤드와 직접 닿아 있는 경우가 많다.
직접가열 방식	그룹일체형 커피보일러	2그룹이나 3그룹의 커피보일러가 메인(스팀, 온수)보일러와 별개로 독립되어 떨어져 있는 구조이다. 커피보일러에는 별도의 히터가 장착되어 있다.
	그룹개별형 커피보일러	각 그룹별로 별도의 커피보일러를 가지고 있으며 각 그룹별로 개별 히터가 장착되어 있다.
두 방식의 혼용		직접가열 방식의 커피보일러에 찬물이 들어가 온도가 떨어지는 것을 막기 위해 커피보일러에 채워지는 물을 스팀보일러를 통과하여 공급하는 방식이다.

간접가열 방식은 커피 추출수를 독자적으로 가열하지 않고 메인(스팀, 온수)보일러의 열을 이용하여 커피 추출수의 온도를 올리는 방법이다. 따라서 메인보일러의 온

도에 따라 커피 추출수의 온도가 달라질 수 있다. 또한 스팀과 온수의 사용으로 메인보일러의 온도가 하강하면서 추출수 온도를 변화시킬 수 있는 단점이 있다. 반면 직접가열 방식의 독립형 보일러에 비해 상대적으로 비용과 기술면에서 유리한 면이 있다.

[그림 1-1] 간접가열 방식 중 관통형 보일러의 형태

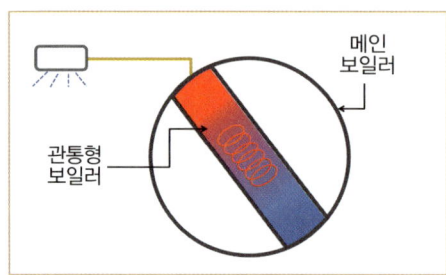
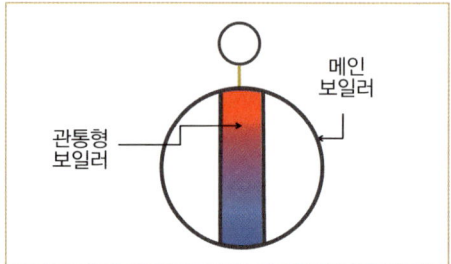

[그림 1-2] 간접가열 방식 중 삽입형 보일러의 형태

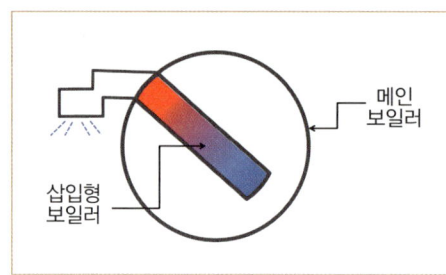
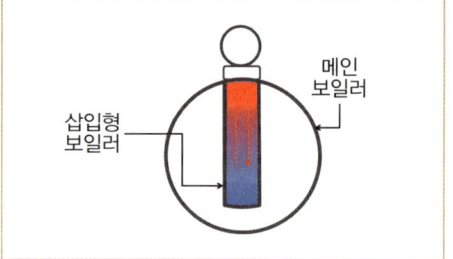

직접가열 커피보일러 방식의 구조 중에서 일체형 보일러는 일반적으로 유통되는 거의 모든 반자동 커피머신에 적용된다. 간접가열식의 메인(스팀, 온수)보일러의 온도에 따라 커피 추출수 온도에도 변화가 일어날 수 있고, 바리스타의 숙련도나 습관에 따라 맛의 편차가 커질 수 있다. 이 부분을 보완하기 위해 커피머신 제조업체에서는 커피 추출헤드에 여러 가지 방법을 통해 온도 보전이나 일정한 온도 유지를 위

해 노력하고 있다.

　직접가열 방식은 메인(스팀, 온수)보일러와 커피보일러가 독립적으로 따로 떨어져 있는 형태이다. 직접가열 방식은 커피보일러 형태에 따라 크게 두 가지로 나눌 수 있다. 그룹들이 각각 떨어진 개별형과 그룹들이 하나로 묶어진 일체형으로 나뉜다.

[그림 1-3] 직접가열 방식 중 개별형 커피보일러

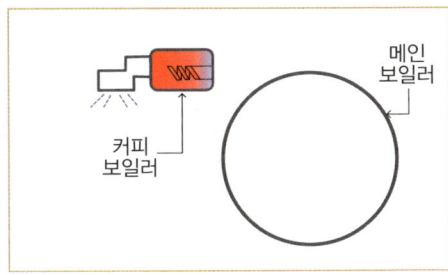 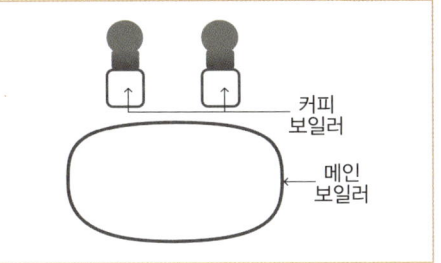

[그림 1-4] 직접가열 방식 중 일체형 커피보일러　[그림 1-5] 직접가열 방식과 간접가열 방식의 혼용

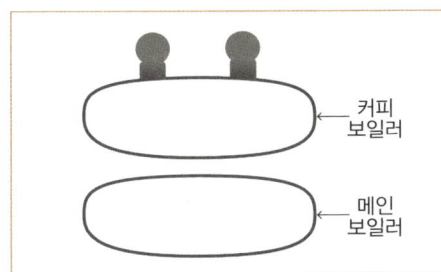 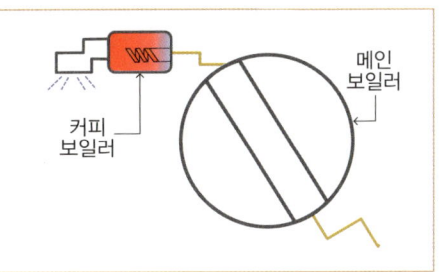

　두 형태 모두 커피보일러가 독립적으로 장착되어 있기 때문에 스팀의 온도에 영향을 받지 않고 커피 추출수 온도를 일정하게 유지할 수 있다는 장점이 있다. 그러나 별도의 히팅코일이 장착되어야 하므로 부피가 커질 수 있고 가격이 비싸진다.

　직접가열 방식의 커피보일러 머신은 많은 양의 커피를 추출할 경우 추출온도에 편차가 생길 수 있어 이를 보완하기 위하여 최근 머신들이 커피보일러에 인입되는 물을 메인(스팀, 온수)보일러를 통과시켜 그 편차를 줄이는 방법을 사용한다. 즉, 간접가열 방식과 직접가열 방식을 혼용하여 사용하는 것이다.

3) 에스프레소 머신의 구조

[사진 1-1] 정면 조립

[사진 1-2] 정면 분해

[사진 1-3] 머신 상부

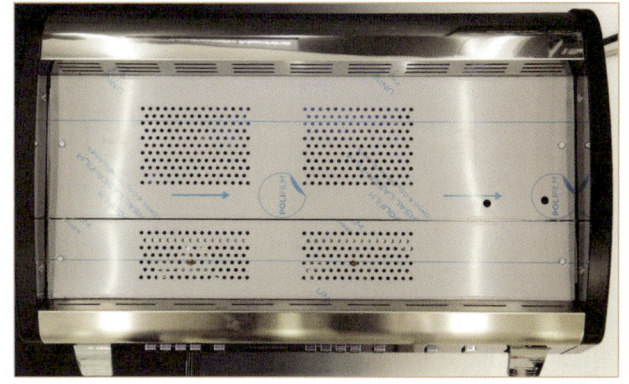

[사진 1-4] 머신 상부를 분리한 모습

[사진 1-5] 우측 조립

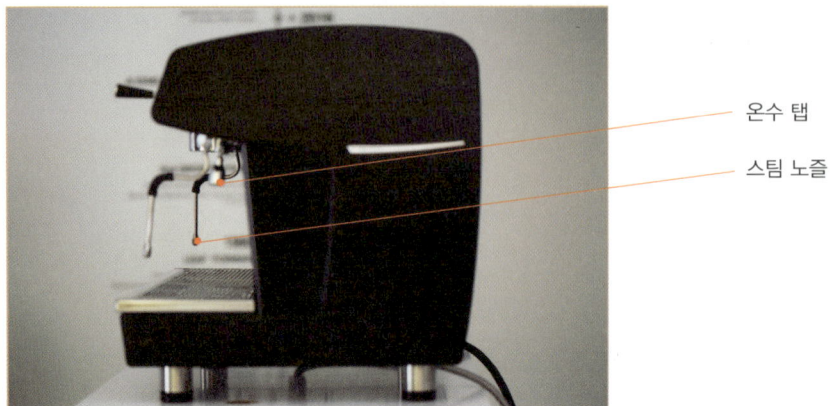

온수 탭
스팀 노즐

[사진 1-6] 우측 분리

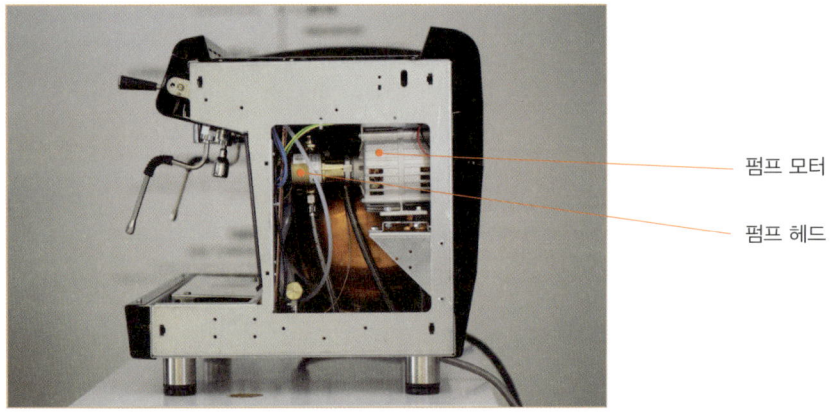

펌프 모터
펌프 헤드

[사진 1-7] 좌측 조립

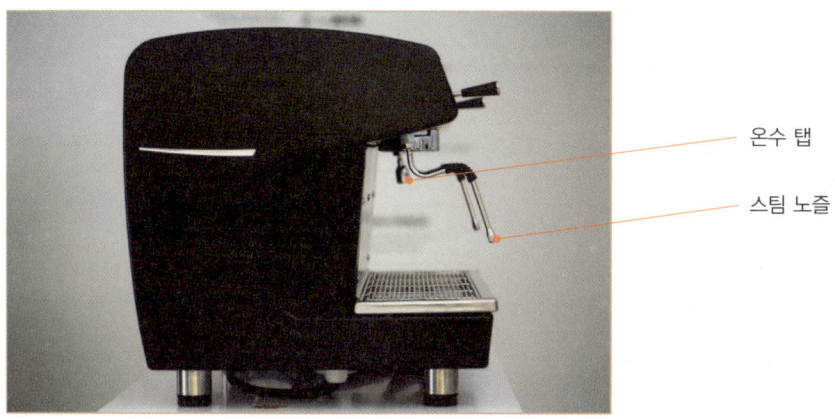

온수 탭
스팀 노즐

[사진 1-8] 좌측 분해

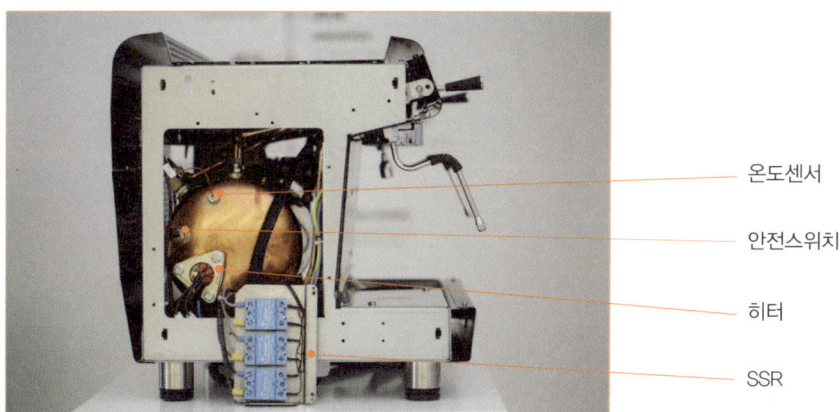

온도센서
안전스위치
히터
SSR

[사진 1-9] 정면 분해

메인보드　급수밸브（스팀보일러）　급수다기관　커피밸브　배수라인　플로우카운터

4) 에스프레소 머신의 작동 원리와 방법

[그림 1-6]

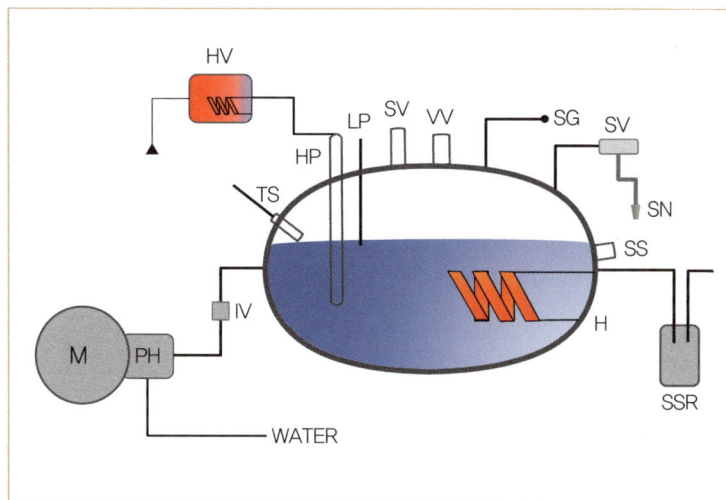

M 펌프모터
PH 펌프헤드
IV 급수밸브
H 히터
TS 온도센서
HP 온수파이프
HV 온수밸브
LP 수위센서
SV 안전밸브
VV 진공밸브
SG 스팀게이지
SV 스팀밸브
SN 스팀노즐
SS 안전스위치
SSR 릴레이

(1) 스팀 관련 라인

① 급수 연결, 펌프헤드

정수기를 통과한 물은 펌프헤드를 통과하게 되는데, 펌프헤드는 커피 추출 시 압력을 상승시켜 추출 압력을 유지시켜 주는 역할을 한다. 펌프헤드에는 압력을 조절할 수 있는 나사가 달려 있어 수압에 따라 추출 압력을 조절해야 한다. 추출 시 약 8~10bar 사이에 맞추어 둔다.

펌프헤드는 단독으로 사용하지 않고 회전력을 줄 수 있는 펌프모터와 함께 설치한다. 모터에는 초기 기동을 원활하게 할 수 있는 콘덴서가 부착되어 있다.

[사진 1-10] 로터리 펌프 [사진 1-11] 바이브레이션 펌프

　펌프는 로터리 펌프와 바이브레이션 펌프로 나눌 수 있는데, 바이브레이션 펌프는 압력을 인위적으로 조절할 수 없고 장시간 사용을 하면 문제가 발생할 수 있어 일반적으로 반자동 머신에는 로터리 펌프를 사용한다.

　펌프의 압력 조절 방법은 포터필터에 일반 필터 바스켓 대신 블라인드 바스켓(청소용)을 끼운 후 헤드에 장착하고 추출 버튼을 눌러 수압 게이지를 확인하며 조절한다.

　커피를 넣었을 때보다 약간 높게 설정되므로 블라인드 바스켓으로 추출 압력을 설정하는 경우 원하는 추출 압력보다 0.5bar 정도 높게 조절해야 한다.

[사진 1-12] 펌프헤드의 조절 나사를 시계 방향으로 돌리면 압력이 높아진다.

펌프헤드는 문제가 발생했을 때 특별한 경우를 제외하고는 분해하여 수리할 수 있는 부품이 아니다. 펌프모터가 회전하고 있으나 압력 조절이 되지 않는 경우는 대부분 펌프헤드가 고장이 난 경우이다. 펌프헤드를 모터에서 분리하여 모터와 연결되는 축을 손으로 돌려 봤을 때 잘 돌아가지 않는다면 모터를 교체해야 한다.

[사진 1-13] 펌프헤드와 펌프모터의 연결축

반면, 펌프헤드의 축이 원활히 돌아갈 경우 펌프모터와 펌프헤드를 분리한 상태로 추출 버튼을 눌렀을 때 펌프모터가 바로 작동하지 않고 서서히 돌아가기 시작한다면 기동콘덴서(capacity)에 문제가 있을 수 있다.

[사진 1-14] 기동콘덴서

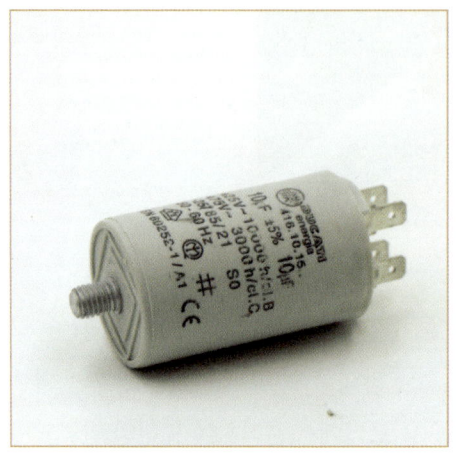

수압게이지가 '0'을 가리키거나 추출 시 소음이 크게 난다면 수도밸브의 잠금 여부를 먼저 확인해야 한다. 단수가 되었거나 급수라인이 얼어 물이 공급되지 않는다면 급수라인을 분리하여 물이 담긴 통에 꽂아 추출해 본다. 이 방식은 장시간 사용을 추천하지 않는다. 이럴 경우 압력 조절을 다시 하여야 하며, 수도라인은 반드시 잠가두어야 한다.

② 급수다기관

[사진 1-15] 급수다기관

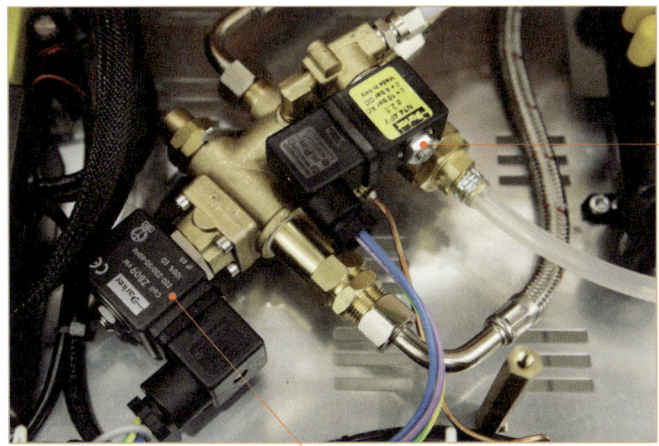

압력안전밸브

양방향 밸브(2way valve) - 급수밸브

　급수다기관은 머신마다 차이가 있고, 경우에 따라 없는 경우도 있다. 다른 말로는 물 분배기라고 말한다. 이 부분이 없는 모델의 경우에는 T자 형태로 커피 추출 라인과 스팀보일러 라인으로 나뉘어 연결되어 있다.

　급수다기관은 펌프에 연결된 급수라인도 커피 추출 라인과 스팀보일러로 가는 라인으로 나누어 준다. 첫 번째, 스팀보일러로 인입되는 라인에는 급수밸브라고 하는 양방향 솔레노이드 밸브(2way solenoid valve)가 장착되어 있다. 스팀보일러의 물을 사용할 때 열리는 것으로 초기 설치 시에는 수위센서(probe sensor)에 물이 닿지 않으면 밸브를 열어 스팀보일러에 물을 채워주게 된다. 두 번째, 커피 추출구로 연결되는 라인은 역류방지밸브(non-return valve)가 달려 있어 물이 가득 차 있는 커피라인이 뜨거워져 부피와 압력이 늘어나도 수압게이지에 영향을 주지 않도록 설계되어 있다.

　사진을 살펴보면, 다기관상부에 조그마한 양방향 밸브가 달려있는데, 이는 온수 추출 시 물이 튀지 않도록 찬물을 섞어 주는 냉수믹싱밸브이다.

또한 사진의 하부에 표시되어 있는 부품은 흔히 팽창밸브(expansion valve)라고 하는 압력안전밸브(pressure relief valve)이다. 이는 커피 추출 시 보일러에 물을 공급할 때 내부 라인에 과도하게 압력이 걸리는 것을 방지하기 위한 것이다. 일반적으로 약 12bar 정도에서 작동하며, 12bar 이상의 압력이 걸렸을 경우에는 작동 압력을 퇴수라인, 즉 배수라인으로 빼주게 된다.

급수다기관 자체는 특별히 문제될 만한 부분이 없으나 커피라인의 역류방지밸브(non-return valve)에 문제가 있을 시에는 수압게이지의 대기상태 압력이 과도하게 올라가 있는 경우가 있다.

③ 스팀보일러

급수다기관의 스팀보일러의 급수밸브를 통과한 물은 스팀보일러 내부로 들어가는데 수위센서에 닿을 때까지 채워지게 된다. 스팀보일러 내부에는 약 60~70%정도 물이 채워지며 나머지 빈 공간은 스팀으로 채워진다.

14리터 이상의 큰 보일러를 가진 머신은 두 종류의 수위센서를 가지고 있는데, 하이센서(high-sensor)는 물이 채워지는 최고 수위를 제어하고 로우센서(low-sensor)는 최저 수위를 제어한다. 이는 보일러 히터를 보호하기 위해서이며, 로우센서 아래로 수위가 내려가면 히터가 작동을 멈추게 된다.

[사진1-16] 히터, 로우센서, 하이센서.

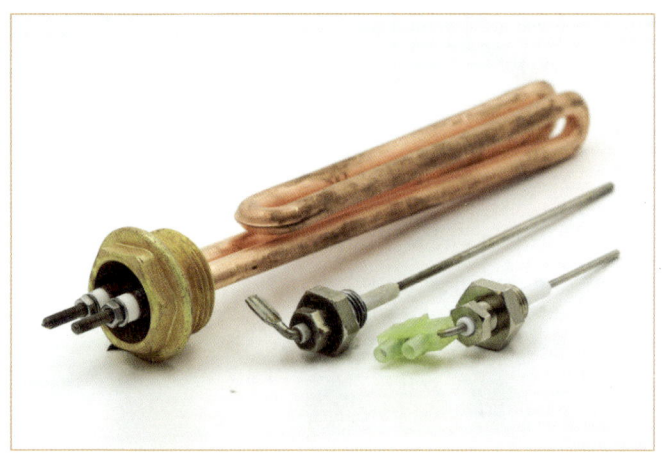

대부분의 보일러는 구리합금 재질로 되어 있고 일부 고가의 머신에는 스테인리스 스틸로 제작되어 있다. 스테인리스 스틸로 제작된 보일러는 수명이 길고 스케일이 침착되면 제거하기가 용이하다. 그러나 동으로 된 보일러에 비해 열에 의한 팽창계수가 적어 자칫 잘못 설계되었다면 연결 부위가 누수될 위험이 있다.

[사진 1-17] 압력안전밸브

스팀보일러는 118~124℃ 정도의 온도로 유지되며 이를 압력으로 환산하면 약 0.86~1.43bar 정도이다. 이와 같이 높은 온도와 압력을 유지하기 위해서는 1.5bar에서 작동하는(머신 상부로 스팀이 분출되는 현상) 압력안전밸브와 안전스위치, 과열방지기 등의 안전장치가 필요하다.

압력안전밸브는 어떠한 문제에 의해 보일러 내부 압력이 1.5bar 이상으로 올라가면 강제로 열려서 내부 압력을 외부로 배출해주는 역할을 한다. 압력안전밸브는 열렸다가 압력이 낮아지면 다시 닫히게 되는데 만약 온도가 과도하게 올라가는 문제에 대한 원인을 제거하지 않으면 이 과정은 계속 일어난다. 따라서 이미 작동하여 활용한 밸브는 안전상의 이유로 교체해야 한다.

[사진 1-18] 안전스위치

안전스위치는 약 140℃ 정도에서 작동한다. 그보다 더 높은 온도로 올라갈 경우 전기를 차단시켜 히팅을 중단시킨다. 실제로 안전스위치가 작동해야 하는 상황이 되면 압력안전밸브가 고장이 나 보일러 내부의 온도가 계속 올라가게 되는 경우이므로 거의 발생하지 않는다.

[사진 1-19] 과열방지기

[사진 1-20] 장착 모습 [사진 1-21] 보일러 내부 압력(온도) 감지부

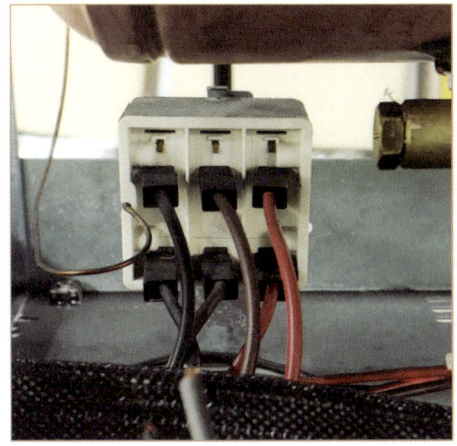

　안전스위치와 비슷한 기능을 하는 것으로 과열방지기가 있다. 물론 과열방지기가 장착된 경우도 안전스위치는 기본적으로 달려 있을 수 있다. 과열방지기는 히터로 들어가는 전기선에 연결되어 있어 과도하게 온도가 올라갈 경우에 작동되어 전기 연결을 끊어주게 된다. 안전스위치와 마찬가지로 수동으로 튀어 나온 스위치를 눌러 복구시킬 수 있으나 이 역시 결과를 순간적으로 해결하는 것이지 실제 원인을 제거하는 것은 아니다.

　④ 온도센서와 SSR(Solid state relay, 무접점 릴레이), 압력스위치
　온도를 제어하는 방법은 크게 두 가지로 나눌 수 있다. 첫 번째는 보일러 압력의 정도에 따라 아날로그 방식으로 히팅코일에 공급되는 전원을 차단시키는 압력스위치 타입이다.

[사진 1-22] 압력스위치

[사진 1-23] 보일러 압력 감지

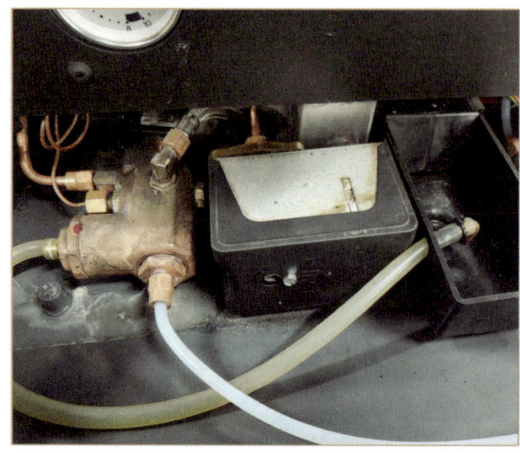

[사진 1-24] 접점 압력으로 스프링을 밀어 접점을 떨어뜨린다.

   두 번째는 저항으로 온도를 체크하여 메인보드에서 감지하고 SSR(solid state relay)로 신호를 주어 보일러 히팅코일에 전원을 공급해주는 타입이다.

[사진 1-25] 온도센서와 SSR

[사진 1-26] SSR 설치 모습

[사진 1-27] 신호부(메인보드의 신호를 받는다)

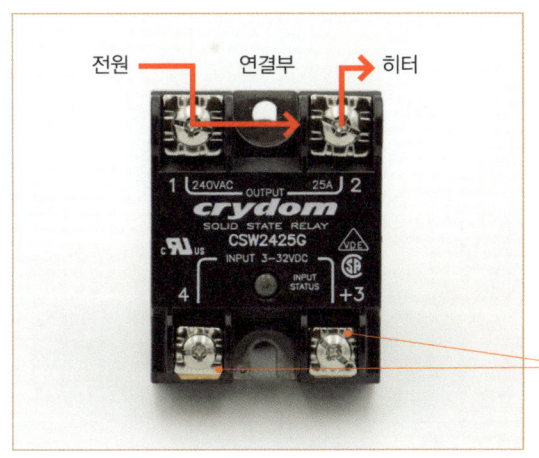

SSR 원리는 보드의 신호를 받아 연결부를 통전시켜 히터에 전원을 공급하는 것이다. 흔히 무접점 릴레이라고도 하며 주로 작은 DC전압으로 높은 AC를 제어하기 위해 사용한다. 다시 말해, 신호부의 낮은 DC전압이 신호를 받으면 연결부에서 양쪽의 단자를 연결하여 높은 AC의 전류가 지나갈 수 있도록 해준다.

위 두 가지 타입의 부품들은 보일러 과열의 원인을 만들 수도 있다. 압력스위치의 경우, 붙었다 떨어지기를 반복하면서 전기가 지나가는 접점 부분에 스파크 등이 발생해 아예 달라붙는 경우도 있다. 이는 과도한 온도 압력 상승의 원인이 된다.

[표 1-3] 온도센서 저항값

Caractéristiques R(T) pour sonde NTC sur CC102
Sonde 3300ohm @100℃ , B=3970

T(℃)	R(T)(ohm)	T(℃)	R(T)(ohm)	T(℃)	R(T)(ohm)	T(℃)	R(T)(ohm)	T(℃)	R(T)(ohm)
25	44990	51	15710	77	6322	103	2854	129	1416
26	43080	52	15130	78	6120	104	2774	130	1381
27	41250	53	14580	79	5925	105	2696	131	1347
28	39520	54	14050	80	5737	106	2621	132	1313
29	37860	55	13540	81	5556	107	2548	133	1281
30	36290	56	13050	82	5381	108	2478	134	1250
31	34790	57	12590	83	5213	109	2410	135	1219
32	33360	58	12140	84	5051	110	2344	136	1189
33	32000	59	11710	85	4895	111	2280	137	1161
34	30700	60	11300	86	4744	112	2218	138	1133
35	29460	61	10900	87	4599	113	2158	139	1106
36	28270	62	10520	88	4459	114	2100	140	1079
37	27140	63	10160	89	4324	115	2044	141	1053
38	26060	64	9809	90	4193	116	1989	142	1029
39	25040	65	9473	91	4068	117	1937	143	1004
40	24050	66	9150	92	3946	118	1886	144	980.7
41	23110	67	8840	93	3829	119	1836	145	957.8
42	22220	68	8541	94	3716	120	1788	146	935.5
43	21360	69	8255	95	3606	121	1741	147	913.9
44	20540	70	7979	96	3501	122	1696	148	892.8
45	19750	71	7714	97	3399	123	1653	149	913.9
46	19000	72	7459	98	3300	124	1610	150	892.8
47	18290	73	7214	99	3205	125	1569		
48	17600	74	6978	100	3113	126	1529		
49	16940	75	6751	101	3024	127	1490		
50	16310	76	6533	102	2938	128	1453		

반대로, 스파크 등의 원인으로 접점이 좋지 않은 경우에는 아예 히팅코일에 전원을 공급하지 못하게 될 수도 있다.

온도센서는 여타 부품 교체율로 비교해보면 상대적으로 고장률은 적으나 SSR은 고장이 잦은 부품이다. SSR은 작동 시 SSR자체의 LED등이 켜져서 작동 유무를 알려주지만 LED등과 무관하게 계속 달라붙어 있는 경우 히팅이 과열되는 원인이 된다.

⑤ 스팀보일러 히팅코일

[사진 1-28] 1히터

[사진 1-29] 2히터

[사진 1-30] 3히터

위의 사진처럼 여러 가지 형태의 코일이 있는데 전력량이 높을수록 SSR와 연결된 히터의 개수가 많아진다. 하나의 히팅코일은 각각 1.5~3킬로와트(Kw)의 전력량을 소모하는데 여러 개의 히팅코일을 가진 히터가 누전되어 문제가 발생했을 시 누전된 히터의 연결선을 제거함으로써 응급상황을 해결할 수 있다.

⑥ **진공밸브**

진공밸브(vaccum valve)는 보일러가 식었다가 다시 가열될 때 내부의 공기를 외부로 배출하고 그 공간을 스팀 압력으로 채워 주는 역할을 한다.

작동 원리는 보일러가 가열되면서 내부 온도가 상승하고 내부의 공기를 외부로 배출하게 되는데, 100℃ 정도의 온도가 되면 구멍을 막아 스팀의 외부 유출을 차단시키고 내부에 스팀 압력이 쌓이게 한다.

[사진 1-31] 진공밸브

[사진 1-32] 분해된 모습

[사진 1-33] 압력이 걸리지 않았음에도 위로 고착된 모습

진공밸브가 온도가 올라가지 않았음에도 상부에 고착 시 히팅이 정상적으로 작동되는 것처럼 보이고 스팀 압력 또한 정상적으로 압력이 올라가나(실제보다는 좀 더 빠르게) 실제로 사용하려 하면 스팀 압력이 모두 빠져버리며(스팀 압력 게이지는 0을 가리키고) 히팅이 처음부터 다시 시작하게 된다.

진공밸브가 정상적으로 막아주지 못할 시에는 히팅이 될 때 계속 스팀 압력이 빠져나오게 된다. 100℃ 이상으로 온도가 올라갔음에도 불구하고 머신 내부에서 스팀 압력이 빠져나오는 소리가 난다.

새 머신의 경우는 구리스(윤활유) 등이 굳어 일시적으로 문제가 있는 것처럼 보이나 진공밸브를 위아래로 움직여보는 것만으로도 해결할 수 있다. 오래 사용한 머신이라면 오링(O-ring) 교체 등의 수리보다는 반제품(assy)으로 교체하는 것이 좋다.

⑦ 수위센서

수위센서는 수위 조절을 위한 부품이다. 보일러 표면에 붙어 있는 접지선과 전기신호를 주고받아 수위를 감지한다. 수위센서가 스케일 등으로 오염되었을 경우 적정 수위보다 많은 물이 들어가 스팀작업 시 물이 많이 섞여 나올 수 있고 수위를 감지하지 못해 압력안전밸브나 진공밸브를 통해 물이 넘칠 수도 있다.

[사진 1-34] 수위센서(로우센서, 하이센서)

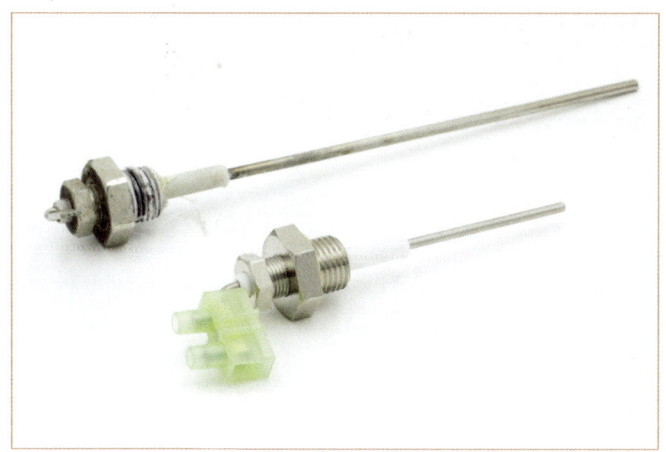

[사진 1-35] 하이센서만 있는 경우

[사진 1-36] 로우센서, 하이센서가 있는 경우

보일러 용량(일반적으로 11~12리터, 13리터 이상일 경우 용량이 큰 보일러로 분류)이 큰 경우는 하이센서와 로우센서가 있다. 히팅코일을 보호하기 위해 로우센서 이하의 수위에서는 히팅코일이 작동하지 않도록 되어 있으며 반대로 그 이상의 수위에서는 하이센서까지 수위가 차지 않더라도 바로 적정 압력까지 빠른 시간에 히팅이 되도록 한다.

⑧ 스팀라인

[사진 1-37] 스팀밸브와 보일러 연결관

[사진 1-38] 스팀보일러의 상부에 연결된다

스팀라인은 스팀보일러 상부에 위치하여 하단의 뜨거운 물이 함께 배출되지 않도록 한다. 스팀밸브는 아날로그식과 전자식 2가지 방식이 있고 레버는 상하, 다이얼, 좌우 회전 등 여러 가지 형태가 있다. 스팀밸브를 눌러준다는 방식은 거의 대동소이하다.

[사진 1-39] 평상시 스팀밸브

[사진 1-40] 눌려진 모습

스팀밸브에 문제가 생겼을 때는 고무패킹 등을 교체하거나 스팀밸브 전체를 교체해서 해결하는 경우도 있다. 분해했을 때 스케일 등으로 몸체가 부식된 경우에는 스팀밸브 전체를 교체해야 한다.

스팀밸브를 교체할 경우에는 머신을 끄고, 스팀보일러 내부의 압력을 모두 배출해야 한다. 머신에 따라서는 스팀라인에 가스밸브와 같은 장치를 달아 스팀을 배출하지 않고서도 스팀밸브을 교체하는 작업을 할 수 있다.

⑨ 스팀파이프와 스팀노즐

스팀파이프는 노즐너트 등으로 스팀밸브와 연결되어 있는 부품이다. 스팀파이프 마지막 부분의 노즐은 머신에 따라 노즐의 크기, 분사구의 수, 분사구의 크기, 분사각도 등이 다양하며 옵션에 따라 교체할 수 있는 것도 있다.

[사진 1-41] 다양한 노즐

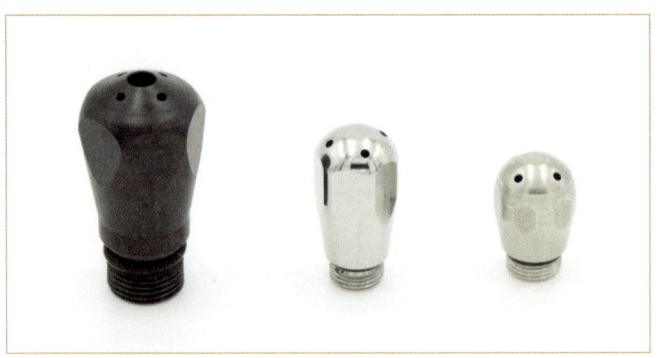

스팀파이프는 스티밍 작업 시 물리적으로 움직임이 많은 부분이다. 주로 고장이 나는 부위는 움직임이 많은 노즐너트 쪽이며 오링의 경화로 인해 노즐 너트 부분이 마모될 수 있다.

[사진 1-42] 스팀파이프의 이동

노즐 너트
(마모도가 심한 부분)

    심하면 노즐 너트에서 스팀파이프가 아래쪽으로 빠지는 경우도 있다. 보통 우유 스티밍 후 스팀을 잠그면 스팀파이프 내부의 압력이 갑자기 떨어져 우유가 역으로 빨려 들어가는 상황이 발생한다. 이를 방지하는 밸브가 달려 있기도 하지만 대부분은 역류방지밸브가 달려 있지 않으므로 사용자의 세심한 주의가 필요하다. 최악의 경우에는 보일러 내부까지 우유가 빨려 들어가 스팀 사용 시 우유 썩는 냄새가 날 수도 있으니 주의해야 한다.

[사진 1-43] 스팀파이프와 노즐 너트

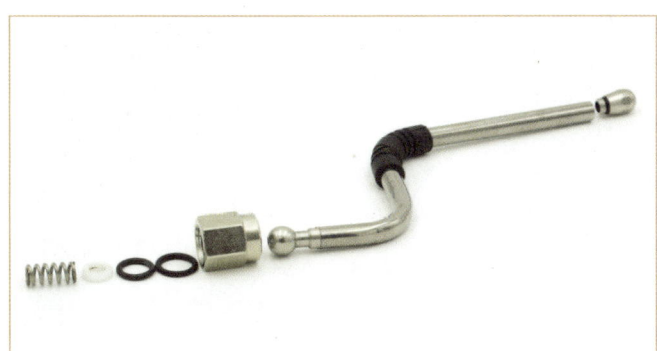

스팀 사용 후에는 반드시 노즐 끝에 아무것도 없는 상태에서 스팀을 한번 빼내야 하고 사용하지 않을 시에는 따뜻한 물에 스팀파이프를 담가두는 것도 좋다.

[사진 1-44] 스팀 배출

[사진 1-45] 따뜻한 물에 담가둔 스팀파이프

⑩ 온수 라인

[사진 1-46] 냉수믹싱밸브

[사진 1-47] 스팀보일러 온수파이프

온수라인은 외형적으로는 스팀보일러의 표면에 연결되어 있는 듯이 보이지만 라인은 스팀보일러 아래쪽까지 깊이 박혀 있다. 스팀보일러 내부 온도는 물의 끓는점 이상의 120℃ 전후이다. 고온 물은 스팀이 섞인 것처럼 소리를 내며 배출된다(거의 스팀처럼). 이런 문제 때문에 뜨거운 온수에 찬물을 섞어 주는 냉수믹싱밸브가 장착되어 있는 경우가 많다.

냉수믹싱밸브는 온수밸브와 동시에 작동되는데 냉수의 양을 조절할 수 있는 조절 나사 등이 달려 있어 온수의 온도를 조절할 수 있다. 냉수믹싱밸브는 대다수 전자식 밸브나 만약 아날로그식 온수 추출 방식이라면 위의 방식을 적용시키기 어렵게 된다.

⑪ 스팀게이지

[사진 1-48] 스팀게이지

스팀게이지는 보일러 내부의 압력을 보여줌으로써 일반적인 반자동 머신의 추출이 가능한 온도 상태를 알려준다. 0.8~1.2bar 정도의 상태일 경우 적정한 수준의 온도로 볼 수 있다.

(2) 커피 추출 라인

[그림 1-7]

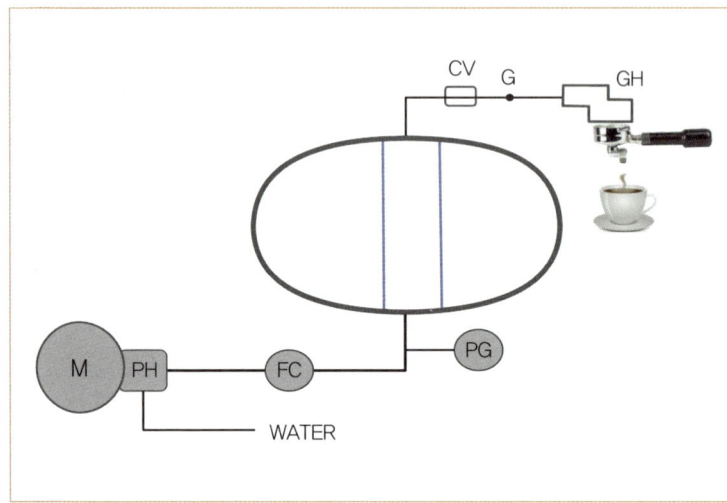

M 펌프모터
PH 펌프헤드
FC 플로우카운터
PG 압력게이지
CV 커피밸브
G 지클러
GH 그룹헤드

앞의 급수다기관으로 다시 돌아가 본다. 커피 추출은 급수다기관의 커피 추출과 연결된 역류방지밸브(non-return valve)를 지나 플로우카운터(flow counter) 부품을 통과하여 이루어진다.

① 플로우카운터

플로우카운터(flow counter, 유량계)는 메인보드에 저장된 추출 수량(水量)을 계산해주는 부품이다. 플로우카운터는 하부 바디 부분과 임펠러, 오링, 상부 카운터 계산부로 나뉜다.

[사진 1-49] 플로우카운터 구성

[사진 1-50] 임펠라

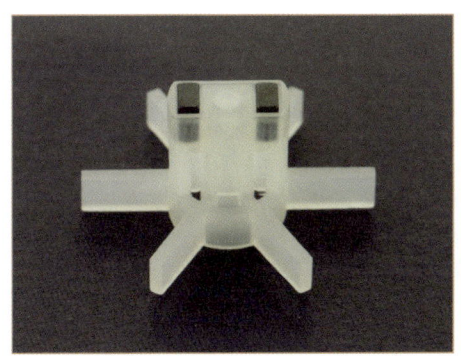

[사진 1-51] 상부의 자석

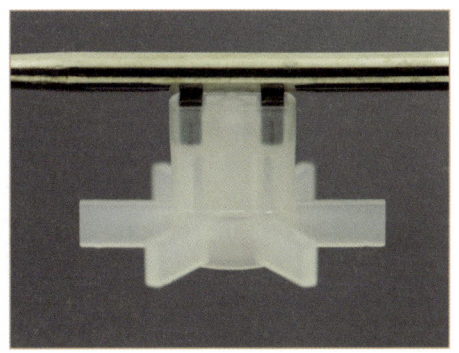

[사진 1-52] 하부 바디

[사진 1-53] 인입부와 토출부

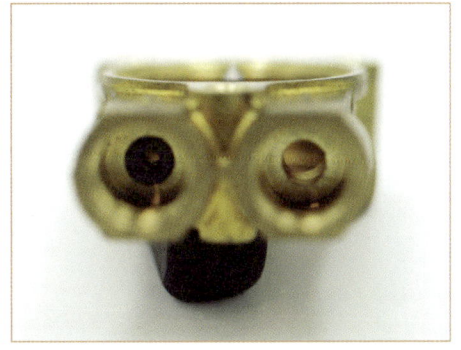

거의 모든 커피머신의 플로우카운터는 비슷한 형태와 구조로 되어 있다. 플로우카운터 고장일 경우 가장 먼저 물의 양이 맞지 않게 나타난다. 플로우카운터의 고장율은 상당히 적기 때문에 만일 물의 양이 차이가 난다면 원인을 다른 곳에서 찾아야 할 수도 있다.

플로우카운터 하부 바디의 인입부는 작은 구멍으로 되어 있다. 약 1~1.2mm 정도의 크기이고 퇴출부는 약 5mm 내외로 상대적으로 큰 편이다. 인입부나 퇴출부 모두 구멍이 작기 때문에 장시간 방치된 머신이라면 새 머신이라 할지라도 양쪽 구멍 모두 막힐 가능성이 있다.

임펠라는 날개 부분이 상부의 작은 마그네틱(자석) 2개로 구성되어 있는데 날개 부분은 인입부의 수압으로 회전력을 발생시키고 작은 자석의 회전수를 상부 카운터 계산부에서 체크하여 물의 양을 계산한다.

상부 카운터 계산부의 연결잭은 +, -, 0 단자로 나뉘어 있고 +와 0는 임펠라의 회전수를 감지한다. 같은 회사의 부품을 사용하지 않을 경우 이 단자의 위치에 주의해야 하므로 정품이 아닌 부품은 추천하지 않는다.

[사진 1-54] 종류별 플로우카운터

[사진 1-55] 단자가 다른 상부계산부

② 내장형(inlet) 보일러

[사진 1-56] 관통형 보일러 내부

　관통형 보일러의 열교환기는 머신에 따라 냉수가 유입되는 부분이 상부에 있는 것과 하부에 있는 것이 있다. 여기서는 냉수가 상부에서 유입되는 관통형 보일러를 살펴보도록 하겠다.
　일반적으로 관통형 보일러는 냉수유입 부분과 별도로 상부와 하부의 연결관이 커피 추출헤드에서 만나 물이 서서히 순환되는 구조로 되어 있다.

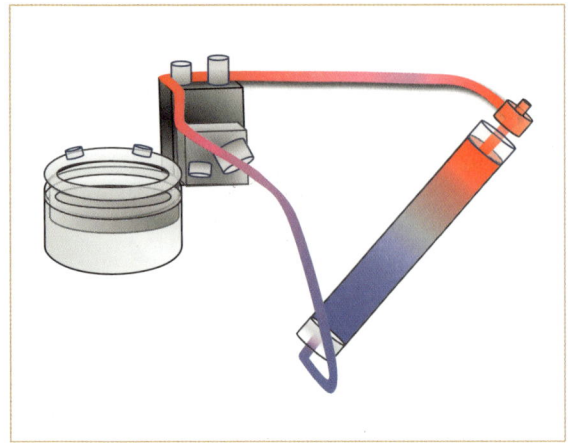
[그림 1-8] 순환 구조

[사진 1-57] 삽입형 보일러 내부

　삽입형 보일러인 경우 그룹헤드 부분이 보일러와 직접 연결되어 있어 커피 추출 시 헤드의 온도로 인해 열손실을 막아 줄 수 있는 구조로 되어 있다. 그러나 관통형 보일러는 그룹헤드와 보일러가 분리되어 있어 열손실을 막을 수 있는 방법이 없다. 이에 관통형 보일러 내부의 뜨거운 물을 천천히 순환시켜 헤드의 온도를 올리는 방법을 취하고 있다.

　어떤 머신은 커피 추출을 위한 라인을 플라스틱 파이프로 쓰기도 하는데, 이 경우에는 제대로 된 열을 전달할 수 없어 헤드에 별도의 히터를 장착해야 한다.

　만약 헤드히터에 문제가 발생하면 추출 온도가 60℃ 정도로 떨어지는 경우가 생길 수 있다.

　관통형이든 삽입형이든 냉수를 안쪽까지 밀어 넣어주는 관 형태의 파이프가 존재하는데 이는 전체적으로 물을 섞어주고 뜨거운 물을 커피 추출구로 밀어내주는 역할을 한다.

[사진 1-58] 인입파이프가 달린 부품

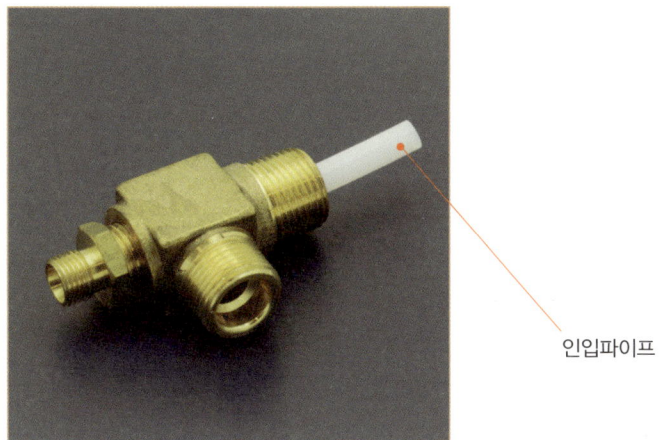

인입파이프

　인입파이프가 없을 경우 찬물이 들어가 바로 그룹헤드로 추출될 수 있어 추출 온도에 큰 영향을 끼치게 된다. 삽입형 중 통 형태의 경우는 인입파이프 중간에 작은 구멍을 볼 수 있는데, 이것 역시 보일러 내부의 물을 전체적으로 섞어 주어 급격한 열손실을 막는 역할을 한다.
　내장형 보일러는 별도의 히팅코일을 갖고 있지 않고 이미 말했다시피 중탕 방식의 보일링 구조이다. 따라서 스팀보일러의 설정 온도에 따라 추출 온도가 영향을 받으므로 한동안 사용하지 않다가 커피를 추출하면 상당히 높은 온도에서 커피가 추출되어 스팀처럼 튀면서 나오게 된다. 이를 보안하기 위하여 내장형 보일러 방식을 취하면서도 커피 추출수에 약간의 냉수를 섞어 주는 방식의 머신이 생산되고 있다.
　내장형 보일러, 즉 커피 추출라인이 수도와 연결되어 있다면 즉시 물이 들어가고 빈 공간 없이 물로 가득 채워진다. 날이 추워 동파가 될 경우 물이 가득찬 배관이나 내장형 보일러가 깨어질 수 있으며, 만일 깨어지면 스팀보일러 내부로 물이 계속 들어가 압력안전밸브나 진공밸브로 물이 넘치는 상황이 발생한다. 관동형 보일러는 스팀보일러와 분리하여 수리할 수 없으며 동파되었다고 판단될 경우에는 보일러 전체를 교체해야 한다.

③ 내장형 보일러에서의 그룹헤드 온도 보전

관통형의 경우 그룹헤드와 스팀보일러가 분리되어 있다. 그룹헤드 위의 온도를 보전하기 위하여 스팀보일러 상하부의 연결관을 통해 천천히 뜨거운 물이 순환되는 구조로 되어 있으며 이 순환 속도를 조절할 수 있는 부품이 장착된 머신도 있다.

그림에서 보듯이 특별한 장치로 순환하는 것은 아니며 뜨거워진 물이 관통형 보일러의 상부로 올라가 헤드쪽으로 넘어가고 다시 식은 물이 하부 연결관으로 순환하는 방식이다.

삽입형의 경우는 그룹헤드와 스팀보일러가 붙어 있어 스팀보일러의 온도가 그룹헤드로 그대로 전달된다. 따라서 별도의 순환장치가 부착되어 있지 않다.

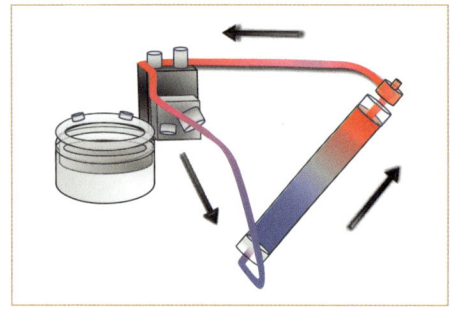

[그림 1-9] 순환 구조

[사진 1-59] 순환속도 조절 부품

[사진 1-60] 그룹헤드와 보일러가 완전히 밀착해 있는 삽입형 보일러

관통형이지만 순환구조를 갖지 않은 머신이나 그룹헤드와 스팀보일러가 완전히 분리되어 있는 머신의 경우 별도의 헤드 히터를 장착하여 이를 보완해야 한다.

[사진 1-61] 관통형이지만 순환구조 없는 머신 [사진 1-62] 별도의 그룹헤드 히터를 가진 머신

④ 지클러(Gicleur)

그룹헤드 추출수의 흐름을 제어하는 이 부분은 스프레이 노즐, 지클러, 홀디스크 등 다양한 명칭으로 불리며, 물의 유속과 양을 일정하게 제어하는 역할을 한다.

굉장히 작은 구멍(0.5~1.2mm)이므로 약간의 이물질이나 스케일로도 막힐 수 있다. 가장 쉽게 문제점을 파악하는 방법으로는 2그룹 머신의 경우, 먼저 양쪽 물의 양을 같게 세팅하고 물로만 추출되는 시간을 측정했을 때 추출 시간이 다르면 지클러 이상으로 볼 가능성이 크다.

막혀 있는 구멍을 물리적인 방법으로 뚫어준다면 각 머신회사에서 추천하는 구멍의 크기가 다를 수 있어 추출 유속과 양의 제어에 문제가 발생된다.

모 회사의 경우 지클러 구멍의 크기를 선택할 수 있게 하여 개개인이 추구하는 커피 맛을 구현할 수 있게도 하지만, 일반적으로 각 그룹마다 지클러의 홀 크기는 동일해야 한다.

[사진 1-63] 다양한 추출수 속도 제어 부품(스프레이 노즐, 홀디스크, 지클러)

⑤ 커피추출밸브(3way)

흔히 급수밸브, 냉수믹싱밸브, 전자식 온수밸브 등 전자밸브는 2way, 즉 인입부와 토출부로 나뉜 밸브를 말하지만, 커피추출밸브는 물이 지나갈 수 있는 방향이 3갈래로 나누어져 있어서 흔히 3way 밸브라 한다.

[사진 1-64] 커피추출밸브 장착 모습   [사진 1-65] 밸브 단면

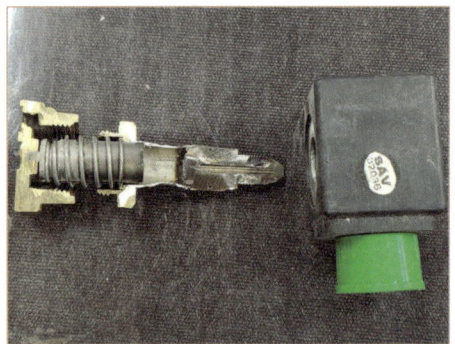

3way 밸브의 인입부에 수도와 머신이 연결되어 물이 가득 차게 되며 추출할 때만 커피 추출이 되고 출수 부분과 배수 부분이 연결되어 커피 추출이 종료되면 포터필터에 걸려 있던 압력으로 잔여물과 찌꺼기를 배수로 배출해주는 역할을 한다.

커피 추출밸브는 가장 많이 사용되는 부품 중 하나로 고장이 많이 날 수 있으며 그 중 가장 큰 원인은 청소나 세척에 대한 인식 부족 때문이다.

3way 밸브의 역할은 잔여물과 찌꺼기 배출이 목적인데 커피 찌꺼기가 굳게 되면 생각보다 단단해진다. 이 정도의 상황이라면 이미 늦은 감이 있다.

[사진 1-66] 커피 찌꺼기　　　　　　　[사진 1-67] 스케일

이를 방지하기 위해 커피머신 청소약품을 사용해야 한다. 약품은 가루 또는 알약 형태로 되어 있다. 대부분 샤워망이나 추출동판을 세척하기 위해 사용한다고 생각할 수 있으나 그보다는 손이 닿지 않고 매장에서 쉽게 접근하기 어려운 커피밸브 내부를 청소하기 위함이다. 백플러싱 작업 시 퇴수 쪽으로 물이 빠지는 소리가 원활하지 않거나 배수 쪽으로 배출 작동이 원활하지 않을 경우(육안으로도 확인 가능하다) 추출 후 필터바스켓에 물이 많이 고여 있는 경우 커피추출밸브에 문제가 있다고 볼 수 있다. 이는 커피 맛에도 심각한 영향을 주며 A/S 시 상당한 비용이 발생할 수 있으므로 반드시 신경 써야 한다.

커피추출밸브는 커피 찌꺼기 이외에도 스케일, 부식 등에 영향을 받는다. 추출을 육안으로 확인했을 때 밸브 주변에 스케일이 많이 침착되어 있거나 부식 등이 보인다면 커피추출밸브 교체가 필요하며 심한 경우에는 보일러 전체의 스케일을 제거하는 작업을 필수적으로 진행해야 한다. 또한 스케일 등으로 인한 누수는 누전의 원인

이 될 수 있으니 주의해야 한다.

커피추출밸브의 배출라인은 정면의 배수판으로 바로 빠지는 경우와 배수다기관 부품으로 연결되는 경우가 있다. 8bar 이상의 압력으로 추출되다가 그 압력이 빠져나가는 것이기 때문에 높은 압력을 상쇄시켜 주는 부품이 달려 있는 것이다.

[사진 1-68] 제트브레이커   [사진 1-69] 드레인 블록

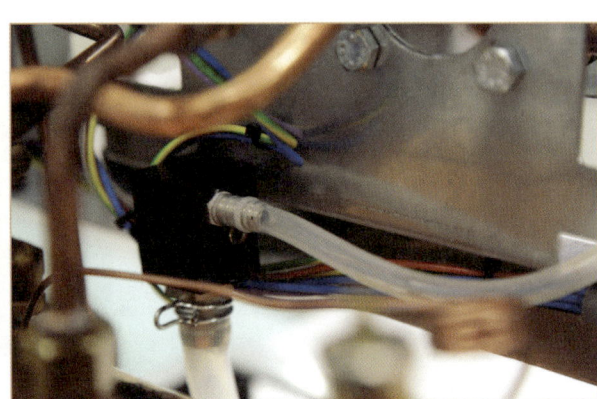

⑥ 그룹헤드

그룹헤드는 그룹헤드 바디, 홀더가스켓, 디퓨저, 샤워스크린으로 구성되어 있다. 디퓨저의 경우 최근에는 동판의 큰 디퓨저와 작은 디퓨저의 형태로 나뉘기도 한다.

[사진 1-70] 그룹헤드 부속품 나열

a. 그룹헤드 바디

포터필터를 거치하도록 포터필터의 날개 부분과 맞닿아 조여질 수 있는 홈이 파여져 있다. 머신에 따라 헤드를 두 파트로 나누어 포터필터가 장착되는 간격을 조절할 수 있게 하거나 탬핑 압력이나 그라인딩된 커피 입자에 따라 헤드가 벌어지게 만들어진 것도 있다.

[사진 1-71] 일체형

[사진 1-72] 분리형(높낮이 조절 가능)

[사진 1-73] 압력에 따라 벌어지는 구조

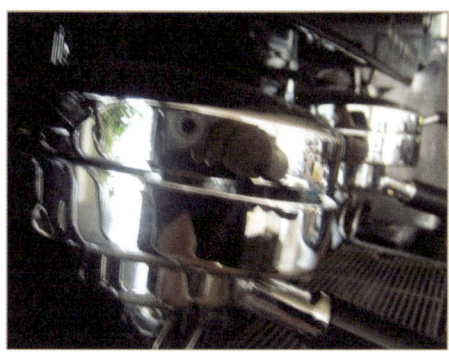

그룹헤드 바디는 사용자의 습관이나 포터필터에 담는 커피의 양에 따라 마모가 심해질 수 있다. 아래 사진과 같이 홈에서 반시계 방향으로 포터필터를 장착한다. 이때 과도한 힘을 주거나 많은 양을 담으면 잠기는 부분과 포터필터 날개 부분이 마모될 수 있다. 처음부터 적당한 힘으로 포터필터를 장착하는 요령이 필요하다.

[사진 1-74] 포터필터가 잠기는 방향

[사진 1-75] 포터필터 날개

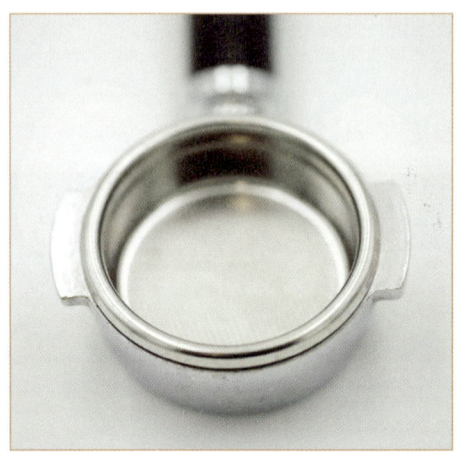

[사진 1-76] 헤드 간격 조정이 가능한 R사 분리형 그룹헤드

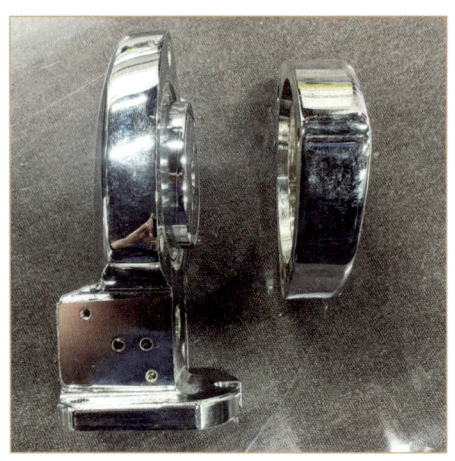

가스켓을 교체한 이후에도 포터필터 테두리로부터 누수가 계속될 경우 포터필터

의 바스켓을 교체하거나 포터필터 자체를 교체하거나 가스켓에 페이퍼 가스켓(paper gasket)이라고 하는 종이 필터를 넣어 높이를 조정할 수 있다. 그래도 문제가 해결되는 않을 경우 그룹헤드 바디를 교체해야 한다.

그룹헤드의 높낮이를 조절할 경우 포터필터를 장착하고 간격을 좀 더 좁게 하여 문제를 해결할 수 있으나 근본적인 해결책은 되지 못한다.

b. 가스켓

커피를 담은 포터필터를 그룹헤드 바디에 장착 시 높은 압력에서도 누수가 생기지 않도록 포터필터의 바스켓을 밀착시켜 주는 것이다. 짧게는 2~4개월, 길게는 6개월 정도 주기로 교체해 주는 것이 좋고 사용량에 따라 교체 시기가 달라질 수 있다.

다만, 누수가 생길 때까지 사용하다 보면 고무 재질의 가스켓이 플라스틱처럼 딱딱하게 굳게 되는데 이런 경우는 교체하기가 매우 어렵다.

[사진 1-77] 경화되어 제거 과정에서 부서진 가스켓

c. 디퓨저

그룹헤드에서 나오는 물줄기를 대략 6~8 갈래의 물줄기로 나누어 샤워스크린으로 분사해 주는 역할을 한다. 일체형과 분리형으로 나뉘는데 최근에는 분리형으로 바뀌고 있다. 일체형은 청소 상태가 불량일 경우 커피 찌꺼기로 막히는 증상이 빈번

하기 때문이다.

[사진 1-78] 일체형

[사진 1-79] 분리형

d. 샤워스크린(샤워망)

　샤워스크린은 디퓨저를 통해 나온 물을 그라인딩된 원두에 고루 분사시켜 주는 부품이다. 촘촘한 망 형태로 만들어져 있기 때문에 청소 관리가 제대로 되지 않으면 찌꺼기로 막힐 가능성이 높다. 단단하게 고착되어 있는 경우 바늘 같은 도구를 사용해 찌꺼기를 제거하는 사례도 있었으나 이는 올바르지 못한 방법이며 주기적으로 교체가 필요한 부품이다. 파손되는 부품은 아니므로 약품 청소 등으로 수명을 연장시킬 수 있다.

[사진 1-80] 깨끗한 샤워망

[사진 1-81] 오염된 샤워망

⑦ 포터필터

모든 기능의 종착점인 포터필터는 분쇄된 커피를 담고 머신에 장착하여 머신에서 나오는 뜨겁고 높은 압력의 물로 커피가 추출되는 부분이다. 직접적으로 커피와 맞닿고 추출하는 부분이기 때문에 청결한 관리가 필요하다.

[사진 1-82] 분해한 포터필터

[사진 1-83] 바텀리스

기본적으로 바스켓, 바스켓 스프링(filter clips), 포터필터 바디와 스파웃으로 구성되어 있다. 바스켓은 1샷, 2샷이 기본이며 경우에 따라 3샷 포터필터를 옵션으로 구매할 수 있다. 주로 사용되는 2샷용 바스켓은 14~21g 정도의 용량이며 자신이 사용할 커피의 양에 맞추어 선택하여야 한다. 커피 양이 많으면 헤드바디 부분과 포터필터 바디의 날개 부분을 마모시킬 수 있다. 양이 적으면 추출 후 바스켓에 물이 많이 고여 있는 것을 볼 수 있는데 이 역시 샤워망과 디퓨저 등을 오염시킬 수 있어 적절한 바스켓 사용을 권장한다.

반자동 커피머신에서 뽑은 커피를 마시면 컵에 커피 찌꺼기가 남아 있는 모습을 쉽게 볼 수 있다. 이는 포터필터 바스켓이 높은 압력으로 추출될 시 분쇄된 커피가 같이 바스켓을 통과한 경우인데 최근에 이를 완화하기 위해 샤워스크린과 바스켓의 구멍을 더 작게 만든 마이크로시브((micro sieve)라는 파트가 추가되기도 한다.

⑧ 추출 압력게이지

압력게이지는 추출되는 동안 커피에 가해지는 압력을 보여줄 뿐만 아니라 일반적으로 현재 머신에 걸려 있는 수압을 표시하여 물의 흐름과 관련된 환경을 알려준다. 특정 머신에서는 대기 압력을 11bar 정도로 표시하기도 한다.

[사진 1-84] 압력게이지

5) 에스프레소 머신의 설치와 부품

에스프레소 머신을 설치할 때는 급수, 배수, 전기, 정수필터 등의 설치 조건을 고려하여야 한다. 급수는 2~4bar 사이의 압력이 적당하며 지나치게 높은 압력은 부품의 고장(특히 펌프헤드)의 원인이 될 수 있다. 설치 장소의 수압은 머신과 급수를 연결한 후 머신의 추출 압력게이지를 통해 확인할 수 있고 정수기에 게이지를 장착한 경우에도 압력을 확인할 수 있다.

과도한 압력이 걸릴 경우 감압기를 사용하여 압력을 낮추고 압력이 너무 낮은 경우에는 가압펌프를 사용하는 것이 좋다.

배수는 자연스럽게 배수될 수 있도록 머신에서 배수되는 위치 아래에 구멍이 뚫려 있어야 하고 하수관은 그 아래에 위치시켜 배수의 흐름을 원활히 이루어지게 하여야 한다.

[그림 1-10] 에스프레소 머신의 배수 구조

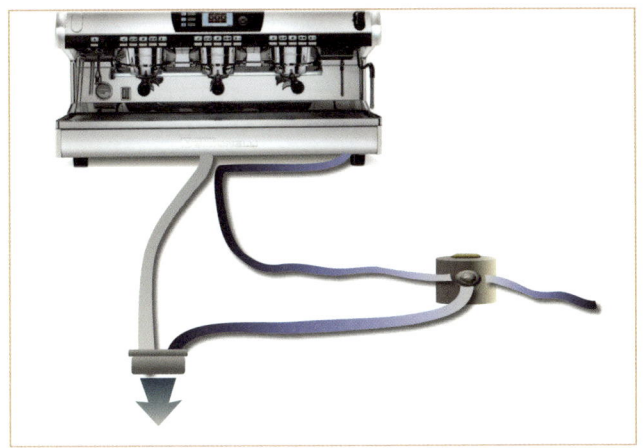

 일반적으로 전기는 커피머신의 전격량에 따라 좌우되는데 반자동 커피머신은 일반 콘센트 플러그(15A 플러그의 최대 사용량)를 사용할 수 없을 정도의 전력량을 소모한다.
 머신 설치 시 반드시 체크해야 하는 사항은 머신의 시리얼넘버(serial number)와 소모 전력량이다.

[사진 1-85] 커피머신의 전력량 체크

다음 예시를 통해 전력량을 계산해보자.

사진과 같이 4.5Kw의 전력이 표시된 머신의 차단기 용량은 4,500W ÷ 220V = 약 20.45A이다. 약 20.45A 이상의 차단기와 전선이 필요하며 차단기는 최대 전력량보다 30~40%의 여유를 두는 것이 좋다. 만약 19A 정도의 전력량이라면 20A 차단기보다는 그 이상의 차단기를 설치하는 것을 추천한다.

머신의 전선과 차단기에서 머신까지 이어진 전선은 직결로 연결할 수 있으며 최근에는 화재 등의 위험으로 인해 공업용 콘센트로 연결하는 경우가 많아지고 있다.

[사진 1-86] 공업용 콘센트

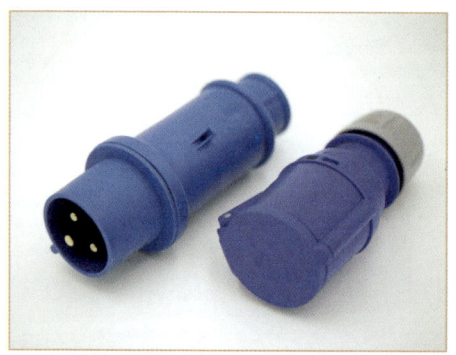

일부 머신 중에 380V 전압을 사용하는 경우가 있는데 이때 차단기는 4P용 차단기, 즉 3P+N 4개의 선이 한 번에 연결될 수 있는 차단기로 설치하는 것이 좋으며 접지선까지 5가닥의 전선이 머신 위치까지 나와 있어야 한다.

마지막으로 머신 설치 시 중요하게 생각해야 하는 부분은 머신 전용 정수필터이다. 정수기는 커피의 맛을 최상으로 유지시킬 뿐만 아니라 머신의 수명을 연장시키는 중요한 요소이다. 대부분 매장에서 머신 설치 후 정수기는 머신의 구성품으로 생각하여 문제가 생기기 전까지 정수기 교체의 필요성을 인지하지 못한다. 또한 알고 있다 하더라도 정수기의 가격, 현재 가동 상태 등을 이유로 교체 시기를 무시하는 경우가 많은데, 이는 차후 비용적인 측면에서 오히려 마이너스 요소가 될 수 있다.

일반적으로 매장에서는 수돗물을 기본 원수로 사용하고 있으며 일부 특수매장(휴게소)이나 지역에서 지하수를 사용하고 있다. 경험상 커피머신에 적합한 물은 지하수나 미네랄워터보다는 오히려 수돗물이다. 수돗물을 정수하여 냄새와 녹 등 이물질을 제거하는 것이 머신 수명을 연장하는데 도움을 준다. 또한 수돗물을 사용하여 정수하더라도 물속의 칼슘과 마그네슘 성분은 스케일을 발생시킬 수 있으므로 연수 기능을 갖고 있는 필터를 사용하는 것이 좋다.

일부 휴게소나 매장에서 물을 증류수 수준으로 정수하는 경우가 있는데, 대부분의 머신 수위체크는 프로브(probe sensor, 탐침봉) 센서형으로 물속의 미네랄 성분이 전혀 없을 때는 수위를 감지하지 못하는 경우도 생기니 주의해야 한다.

스케일은 온도를 높였다 식었다를 반복하는 부위에서 주로 발생한다. 즉, 보일러와 관련된 부분인 히팅코일, 보일러 안쪽 등에서 발생하며 미세한 구멍으로 물이 지나가는 부분인 플로우카운터, 지글러 등에서도 발생할 수 있다. 또한 물이 채워진 상태에서 장시간 사용하지 않은 경우에도 발생한다.

2 에스프레소 머신 운용을 위한 기술

1) 에스프레소 머신 세팅

(1) 에스프레소 머신의 추출 온도 설정하기

일반적인 반자동 머신은 대부분 관통형 보일러의 간접가열 방식을 취하고 있기 때문에 커피 추출 온도를 스팀온도와 별개로 조절할 수 없다. 따라서 커피 추출 온도를 변경하기 위해서는 스팀온도, 즉 메인보일러의 온도 설정을 변경할 필요가 있다.

이에 현재 공식머신(CONTI x-one)의 스팀보일러 온도 변경 방법을 순차적으로 살펴보도록 하겠다.

■ 120℃를 125℃로 변경

① 120℃로 설정된 머신

② 왼쪽 그룹의 5번 버튼을 누른 상태에서 3번 버튼을 눌러 ECO 모드로 진입

③ ECO 모드로 변경된 화면

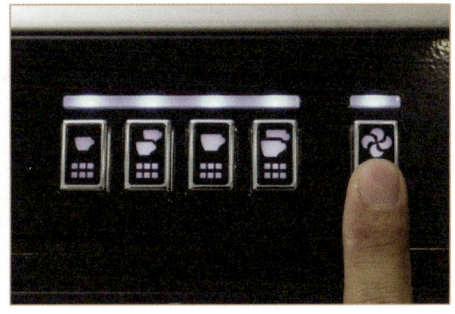

④ 5번 버튼을 길게 눌러 프로그램 모드로 진입

⑤ 프로그램 모드의 첫 화면

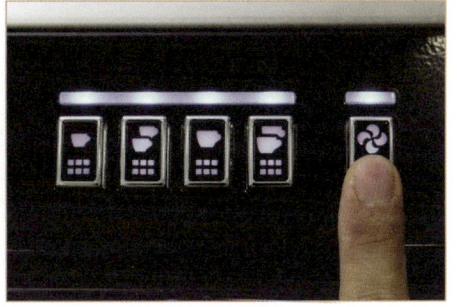

⑥ 5번 버튼을 눌러 화면 이동

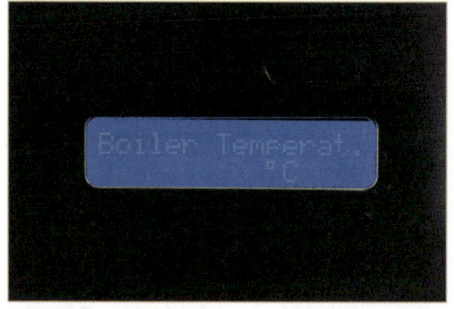

⑦ 보일러의 현재 온도가 나오는 화면까지 이동

⑧ 1번, 2번 버튼으로 온도 변경

⑨ 125℃로 변경한 화면

⑩ 5번 버튼을 여러 번 눌러 프로그램 모드에서 빠져나오기

⑪ 다시 ECO 모드로 돌아온 화면

⑫ 3번 버튼을 눌러 ECO 모드 해제

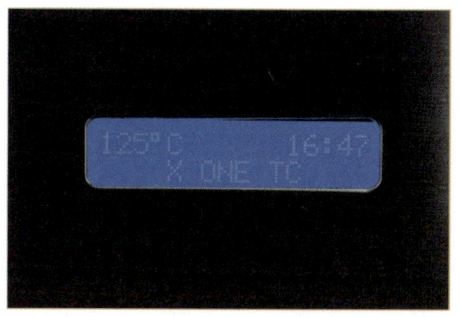

⑬ 설정한 온도로 변경되는지 확인(온도를 하강시켰을 경우 스팀을 설정 온도 아래까지 배출한 후 복귀 온도를 확인한다.)

커피 추출 온도는 머신의 스팀 온도 변경 후 설정 온도로 온도가 변경됨을 확인하고 약 5~10분정도 커피 추출수가 충분히 변경된 온도를 반영하도록 기다린다. 5~6회 정도의 커피를 추출하면서 매번 온도를 체크하고 평균값을 기준으로 삼는다.

(2) 에스프레소 머신의 추출 압력 설정하기

추출 압력 조절을 위해서는 펌프모터에 장착된 펌프헤드에 접근해야 한다. 펌프헤드에 접근하는 방법은 머신마다 분해 방법이나 분해하지 않고 조절할 수 있는 방법 등이 다르니 여기서는 현재의 공식머신에 접근하는 방법을 다루어 보겠다.

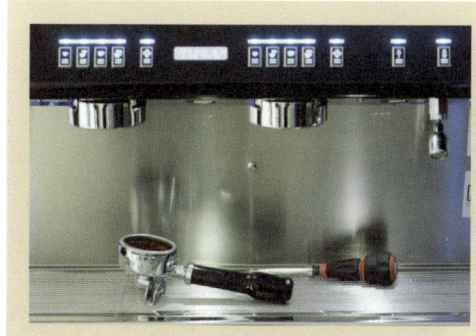

준비물
평상시와 같은 굵기와 양의 탬핑된 커피가 담긴 포터필터, 일자 드라이버

① 포터필터 장착

② 상부의 후면 판넬 제거

③ 머신의 우측 뒷면에 장착되어 있는 펌프모터

④ 펌프헤드의 압력 조절 나사

⑤ 조절 나사 아래쪽의 검정색 고정 너트 풀기(경우에 따라 스페너가 필요할 수도 있다.)

⑥ 추출 버튼 누르기(가급적 연속 추출 버튼)

⑦ 일자 드라이버로 압력 조절

⑧ 시계 반대방향으로 돌려 압력 낮추기

⑨ 시계방향으로 돌려 압력 높이기

⑩ 검정색 고정 나사 조이기

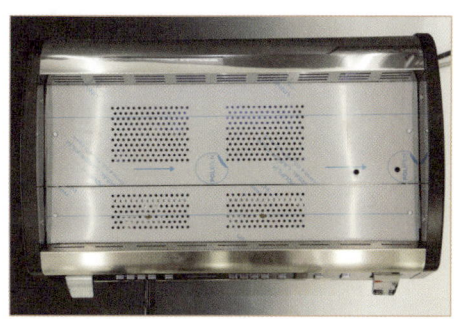
⑪ 후면 판넬 재조립

커피가 준비되지 않았을 경우에도 커피가 담긴 포터필터 장착을 제외한 전 과정을 동일하게 적용하면 된다. 다만 커피가 담기지 않았을 경우에는 원하는 압력보다 약간 낮게 설정하고, 만약 블라인드필터(청소용 필터)를 장착하고 설정할 경우에는 약간 높게 설정해야 한다.

(3) 에스프레소 머신의 추출량 자동 설정하기

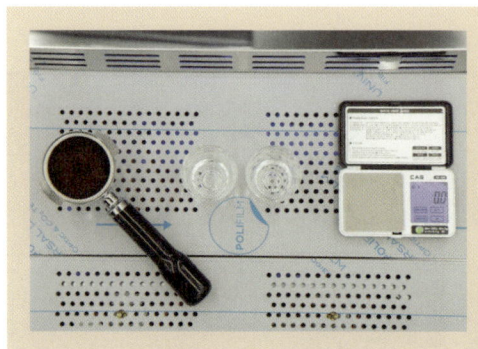

준비물

평상시와 같은 커피 입자와 커피 양을 바스켓에 담아 탬핑된 포터필터, 샷글라스, 저울

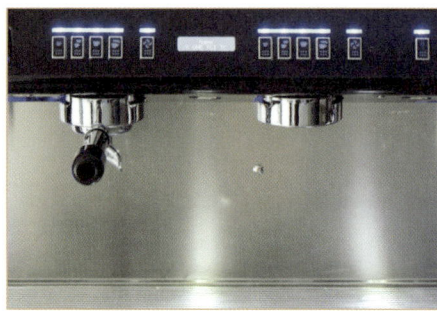

① 포터필터 장착 　② 샷글라스 놓기

③ 가장 왼쪽 그룹의 5번 버튼(연속 추출 버튼)을 약10초간 누르기

④ 물의 양 설정 가능 화면(30초 이내에 설정)

⑤ 원하는 버튼을 눌러 추출

⑥ 추출량 확인

⑦ 원하는 양에 도달하면 추출 버튼을 다시 누르기

⑧ 30초 이내에 위의 과정을 반복하면 같은 버튼이나 다른 버튼을 계속 설정할 수 있다.

⑨ 설정이 완료되면 5번 버튼을 계속 눌러 설정 화면을 빠져 나온다. 30초가 지나면 평상시 화면으로 복귀한다.

물의 양 설정은 맨 왼쪽 그룹이 기준이 된다. 왼쪽 그룹을 완료하면 2번째, 3번째 그룹은 왼쪽 그룹의 세팅을 따라간다. 만약 같은 위치의 버튼을 그룹별로 다른 양으로 설정하고 싶다면 왼쪽 그룹에서 오른쪽 그룹(이를테면, 3그룹일 경우에는 왼쪽부터 1, 2, 3번째) 순으로 설정해야 한다.

다만 머신회사에 따라 오른쪽 그룹이 메인인 경우도 있으므로 필히 머신회사에 확인 후 물의 양 세팅을 진행해야 한다.

2) 커피의 종류(파드, 캡슐 등)에 따른 커피머신 사용

① 파드머신 : 가정에서 손쉽게 에스프레소를 즐길 수 있도록 이탈리아에서 개발한 머신이다. 진동펌프와 순간보일러를 장착한 소형머신으로, 커피 한 잔을 추출할 수 있는 분량의 커피가루를 티백 형태로 포장한 파드(pod)를 사용한다.

② 캡슐머신 : 파드머신과 동일한 구조의 머신이지만, 커피 한 잔을 추출할 수 있는 분량의 커피가루를 밀폐 포장한 캡슐을 사용한다.

3) 에스프레소 머신의 관리와 세척

머신 청소(특히 세정제 청소)는 마감 시에 하는 것이 좋다. 머신의 관리 방법으로 어떠한 제조회사에서도 머신을 분해하여 세척하는 방법을 추천하지 않는다. 오히려 금지하고 있다. 커피머신, 제빙기, 그라인더를 포함한 모든 제조 회사에서는 나사 하나 푸는 것조차 엔지니어가 아닌 고객이 손을 대는 것에 'why'라는 의문으로 대신한다. 국내의 모든 가전제품에는 임의로 분해 시 보증을 받을 수 없다고 명시되어 있으며 이는 수입 커피머신에도 똑같이 적용될 수 있다.

몇 권의 책을 보거나, 어딘가에서 머신 관련 교육을 받았다고 해서 머신에 함부로 달려들지 말길 바란다. 자칫하면 전기, 수도, 열기 등의 문제로 신체, 재산상에 피해를 입을 수 있기 때문이다. 그럼에도 불구하고 머신 분해에 도전하고자 한다면 공구를 잘 다룰 수 있고 자신의 머신을 잘 이해하고 있는 경우에만 시도하길 바란다.

(1) 기본 청소

머신의 수명을 연장시킬 수 있는 가장 기본적인 방법은 제조회사에서 제시하는 순서대로 청소와 세척을 진행하는 것이다. 최근 출시된 모델들은 자동 청소(auto cleaning) 기능을 가지고 있으므로 순서에 따라 진행하면 된다.

청소 단계는 세정제 청소 → 물 흘려 헹구기 → 헹굼 단계로 진행한다.

A. 준비물

기본솔(칫솔로 대신해도 무관), 블라인드 필터 바스켓(청소용 막힌 바스켓), 청소 세정제(알약 혹은 가루약), 행주

청소용 필터의 종류

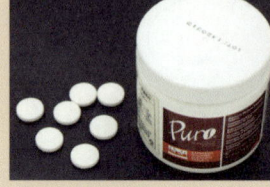
알약 형태의 세정제

가루약 형태의 세정제

고무 재질의 청소용 필터를 사용할 경우는 2샷(shot) 바스켓 속에 올려놓으면 되고, 블라인드 필터 바스켓(blind filter basket)을 사용할 경우는 1샷이나 2샷 바스켓을 제거하고 갈아 끼우면 된다.

① 바스켓 제거

② 청소용 바스켓 장착

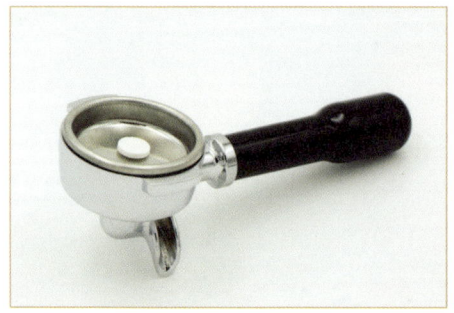
③ 세정제 투입

④ 포터필터 장착

B. 자동세척 기능이 없는 경우

① 블라인드 바스켓 또는 고무 재질의 청소용 필터를 끼운 포터필터를 장착한 후 연속추출 버튼(대부분 각 그룹의 버튼들 중 마지막에 있다)을 눌러 10~20초 정도 추출되도록 한다.

② 연속추출 버튼을 다시 눌러 정지시킨다. 같은 방법으로 2~3분 동안 반복한다. 세정 부위는 샤워스크린, 디퓨저, 3way 커피밸브 내부이다.

[사진 1-87] 샤워스크린

[사진 1-88] 디퓨저

[사진 1-89] 커피밸브(3way)

③ 세척 후 포터필터를 빼고 추출 버튼을 눌러 물 흘리기를 해준다.

④ (블라인드 바스켓이 장착된) 포터필터를 깨끗이 세척 후 비어 있는 상태로 다시 장착하고 처음 방법대로 추출 버튼을 누르고 정지시키는 방법을 똑같이 반복한다. 이는 혹시 남아 있을지 모르는 세정제 성분을 세척하는 단계이다.

C. 자동세척 기능이 있는 경우

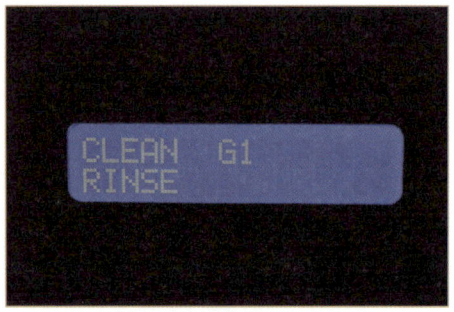

① 포터필터 장착 후에 5번 버튼을 누른 상태에서 1번 버튼을 누른다.

② 화면에 위와 같이 표시되면서 펌프가 작동했다 멈췄다를 반복한다.

③ 화면에 위와 같이 표시되고 1번, 5번 버튼이 함께 빠르게 점멸되면 포터필터를 빼고 잠시 기다린다.

④ 다음 화면으로 바뀌면서 추출구로 물이 잠깐 동안 끊이지 않고 나오다 멈춘다.

⑤ 포터필터를 다시 장착하고 잠시 후 처음처럼 펌프가 작동과 멈춤을 반복하고 자동 세척 작동을 완료한다.

D. 샤워스크린과 디퓨저 분리 세척

[사진 1-90] 가스켓과 포터필터 장착 부위

　세정제 세정 후 기본 솔을 이용해 그룹헤드 내부와 홀더 가스켓 주변을 닦아낸다. 커피머신을 살펴보면 나사 하나로 샤워스크린과 디퓨저가 고정되어 있는 머신과 디퓨저만 따로 고정되어 있는 머신이 있다. 청소 시 샤워스크린과 디퓨저 분해 작업이 부담스럽다면 무리하지 말고 기본 청소를 열심히 하는 것이 좋다.

　샤워스크린과 디퓨저를 분해했다면 커피 찌꺼기와 기름기를 세척한 후 다시 장착한다. 장착 시 나사를 과도하게 조일 경우 부러지거나 아예 박혀버리는 경우가 있으니 주의해야 한다.

[사진 1-91] 샤워스크린 분리

[사진 1-92] 디퓨저 분리

(2) 포터필터 청소

[사진 1-93] 바스켓과 바스켓 스프링 분리

[사진 1-94] 세정제를 물에 녹인다.

[사진 1-95] 담그고 불리기

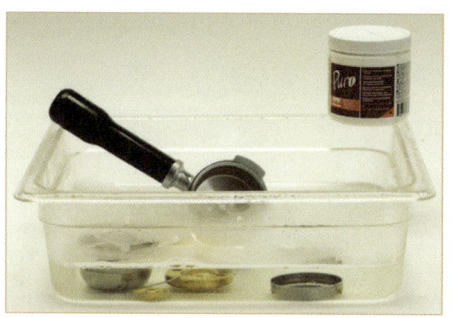

[사진 1-96] 세척 헹굼

① 바스켓과 바스켓 스프링을 분리하고 적당한 크기의 그릇에 미지근한 물로 세정제를 푼다.
② 분리한 바스켓과 바스켓스프링, 포터필터의 헤드 부분을 세정제 용액에 담근다. 주의할 점은 가급적 손잡이 부분은 담그지 않도록 한다. 재질에 따라 변색되는 것도 있다.
③ 30분 이상 충분히 불려준 후 꺼내 스펀지나 청소용 솔 등으로 구석구석 닦아 주고 깨끗한 물로 헹군다. 만약 포터필터 세척 시 철수세미로 닦을 경우 스크래치가 생겨 이물질이 끼거나 도금 코팅이 벗겨지는 경우가 있으므로 주의해야 한다.
④ 재조립한다.

(3) 스팀 관련 노즐 청소

스팀 사용 후 외부 파이프를 닦고 분사시켜 내부에 남아 있는 우유 잔여물을 배출시켜주어야 한다. 방치할 경우 노즐 끝 구멍이 막혀 스팀 사용 시 한 두 구멍에서만 스팀이 분사될 수 있다. 또한 스팀노즐 관리가 꾸준히 이루어지지 않으면 스팀 사용 시 우유 썩는 냄새가 날 수 있다.

스팀을 사용한 후에는 반드시 관리가 되어야 하며 주기적으로 노즐을 분리하여 세척하고 봉 내부를 가느다란 솔을 이용해 청소해 주는 것도 좋다. 세정제 사용도 고려해볼 만하다.

[사진 1-97] 노즐 분리

[사진 1-98] 노즐 청소

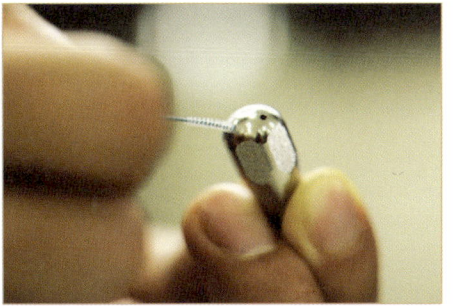

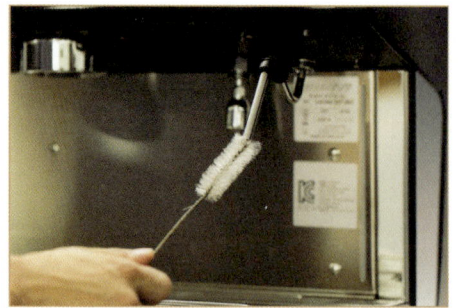
[사진 1-99] 스팀파이프 솔 청소

[사진 1-100] 우유 세정제

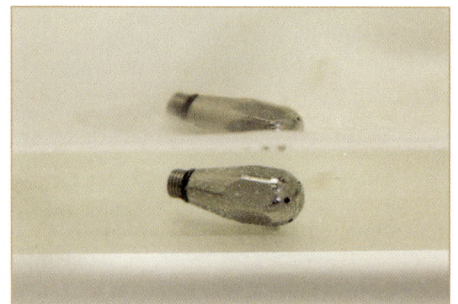
[사진 1-101] 담가 놓기

[사진 1-102] 세척 후 재조립

(4) 배수관 관리

배수관은 눈에 잘 띄지 않지만 커피머신을 관리하는 데 있어 매우 중요하다. 커피머신을 오랜 기간 사용하다 보면 배수관에 커피 찌꺼기나 우유 잔여물이 남아 고착되는 경우가 있는데, 장시간 방치될 경우 이물질이 돌덩이처럼 굳으면서 원활히 배수가 되지 못하고 역류할 수도 있다. 따라서 사전에 예방 청소를 잘 해주어야 한다.

배수관을 잘 관리하기 위해서는 평소에 가급적이면 배수라인으로 찌꺼기 등을 흘려보내지 않는 습관을 들이고, 뜨거운 물을 배수 쪽으로 흘려 이물질이 배출되도록 하는 것이 좋다. 만일 커피라인을 세정제로 매일 청소하고 있다면 약품 성분이 배수 쪽으로 빠지기 때문에 이물질을 녹이고 원활히 흘려보내는 데 도움을 준다.

[사진 1-103] 뜨거운 물 흘려 보내기   [사진 1-104] 머신 배수 연결

[사진 1-105] 배스 트레이 제거 후 배수 원활성 확인

(5) 머신 외관 청소와 트레이 제거 후 청소

머신의 보이지 않는 부분 청소만큼이나 매장의 이미지를 위해 머신의 외관 청소도 중요하다. 머신 설치 시 부착되어 있는 레이저 필름은 가급적이면 설치 후 바로 제거하는 것이 좋다. 부착되어 있는 상태로 장시간 사용하면 접착 성분이 완전히 굳어 잘 제거되지 않고 지저분해질 수 있다.

[사진 1-106] 머신의 레이저 필름 제거

 외관처럼 사용할수록 지저분해지는 곳은 배수 트레이 하부 부분이다. 머신을 사용하다 보면 트레이가 넘치거나 물이 튀거나 혹은 배수가 원활하지 않아 역류하는 경우가 있다. 이때 오염되는 곳이 배수 트레이 아래 부분이다. 머신 청소 시 매번 닦아 준다면 깔끔한 상태로 머신을 사용할 수 있다.

[사진 1-107] 닦기 전

[사진 1-108] 닦은 후

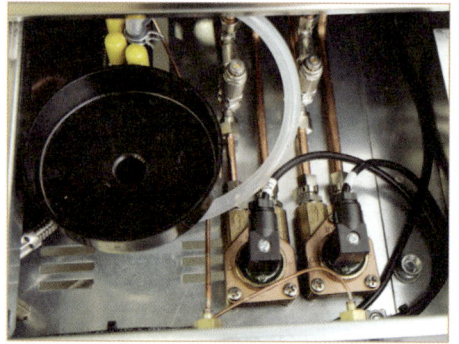

(6) 기본 정비를 위한 교체 품목

공구에 익숙하지 않다면 자가 수리는 추천하지 않는다.

A. 샤워스크린과 디퓨저 교체

샤워스크린은 커피밸브와 마찬가지로 단순히 물 흘리기만으로 오염물질이 깨끗하게 제거되지 않는다. 오염이 심할 경우 약품청소를 하거나 교체해야 하는데 일단 포터필터를 장착하지 않은 상태에서 물 흘리기를 했을 때 일정하게 아랫방향으로 나오지 않고 분사되듯이 옆으로 나온다면 청소보다는 교체가 필요하다. 이정도면 커피밸브 역시 비슷한 상황일 수 있다. 교체 시에는 전원을 끄고 시행해야 안전하다.

샤워스크린 분리 방법은 드라이버나 혹은 스패너 등으로 풀어낼 수 있는데 일단 나사만 풀면 자연스럽게 떨어진다. 떨어지지 않을 경우 일자드라이버 등으로 젖히고 빼낼 수 있다.

오염이 심할 경우 아예 고착화되어 빠지지 않을 수 있는데 이때는 송곳 등으로 샤워스크린의 철망 부분을 찢어내고 빼내야 한다.

[사진 1-109] 나사 풀기

[사진 1-110] 빼낸 모습

샤워스크린을 빼내면 디퓨저의 전부나 일부가 같이 분리되며 분리되지 않는 부분 역시 육각렌치 등으로 풀어낸다. 육각렌치를 정확한 방향에서 풀어내지 못한다면 부

품이 마모될 수 있고 심할 경우 헤드 자체를 교체해야 할 수도 있다.

[사진 1-111] 디퓨저 분해

[사진 1-112] 빼낸 디퓨저

[사진 1-113] 정상 볼트와 마모 볼트 비교

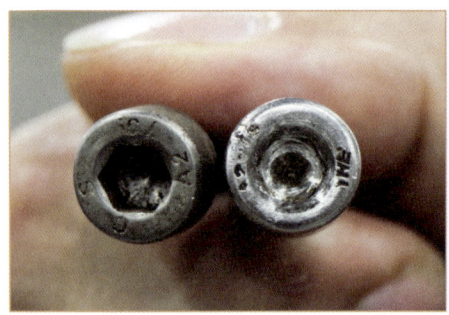

　　디퓨저의 작은 구멍이 이물질로 막힌다면 바늘 같은 것으로 뚫어 주고 샤워망과 디퓨저를 깨끗하게 세척한 후 재조립한다. 전원을 끄고 작업하는 이유는 그룹헤드에서 디퓨저를 거치기 전 뜨거운 물이 나오는 각도가 위에서 아래의 방향이 아닌 사선 방향으로 나오는 머신이 많아 분리 중 추출 버튼이 눌려져 자칫하면 화상의 위험이 있기 때문이다.

B. 가스켓 교체

가스켓 교체 시 샤워스크린과 디퓨저를 제거하고 진행하면 수월하다. 가스켓은 경화된 이후에는 자가 교체가 어려우므로 완전히 경화되기 전에 교체하는 것이 좋다. 교체 시기는 사용량에 따라 다르지만 6개월 전후로 교체할 것을 추천한다. 가스켓은 머신마다 직경과 두께가 조금씩 다르므로 수입원에서 구매하여야 한다.

[사진 1-114] 송곳으로 제거하기   [사진 1-115] 제거되는 가스켓

[사진 1-116] 제거된 가스켓(경화되지 않은 상태라면 원형의 모습으로 잘 제거할 수 있다)

일반적으로 가스켓은 송곳 등으로 빼낸다. 혹은 나사를 천천히 돌려 홀더 가스켓에 박고 펜치 등으로 잡아당겨 빼낼 수도 있다. 빼낸 후에는 가스켓 자리를 깨끗이 청소한 후 새 가스켓(대부분 위아래 구분이 있음)을 제자리에 끼워 넣는다. 간혹 헤드의

마모가 심한 경우 페이퍼 가스켓을 사용하여 높낮이를 조절해야 하는 경우도 있다.

홀더 가스켓이 경화된 상태라면 송곳으로 부셔가며 빼내야 한다. 이때 가스켓을 완벽히 제거하지 않으면 굴곡이 생겨 누수가 발생할 수 있으므로, 제거한 부분을 특히 깨끗하게 청소해야 한다.

[사진 1-117] 경화되어 파손된 가스켓   [사진 1-118] 페이퍼 가스켓

C. 스팀파이프

스팀파이프는 노즐 너트의 마모 또는 오링의 경화로 인한 누수가 있거나 스프링 혹은 와셔의 파손으로 헐거움 등이 나타날 때 교체한다.

스팀파이프는 각 파트별로 별도 구매가 가능한 머신도 있고, 그렇지 않은 경우도 있다. 스패너나 몽키 스패너를 이용하여 쉽게 분리할 수 있으며, 분리 시 스팀 너트 내부에 있는 부속들을 분실하지 않도록 주의하고 부품의 조립된 순서를 기억하도록 한다.

커피머신별로 내부 부속이 다르므로 분해 후에는 각 부품, 특히 오링과 스팀 너트를 주의해서 살펴보도록 한다. 파손되거나 마모된 부품을 교체한 후에 분해의 역순으로 조립한다.

[사진 1-119] 스팀파이프 분해도

[사진 1-120] 스팀파이프 분리

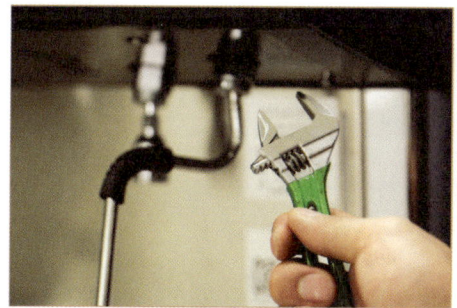 

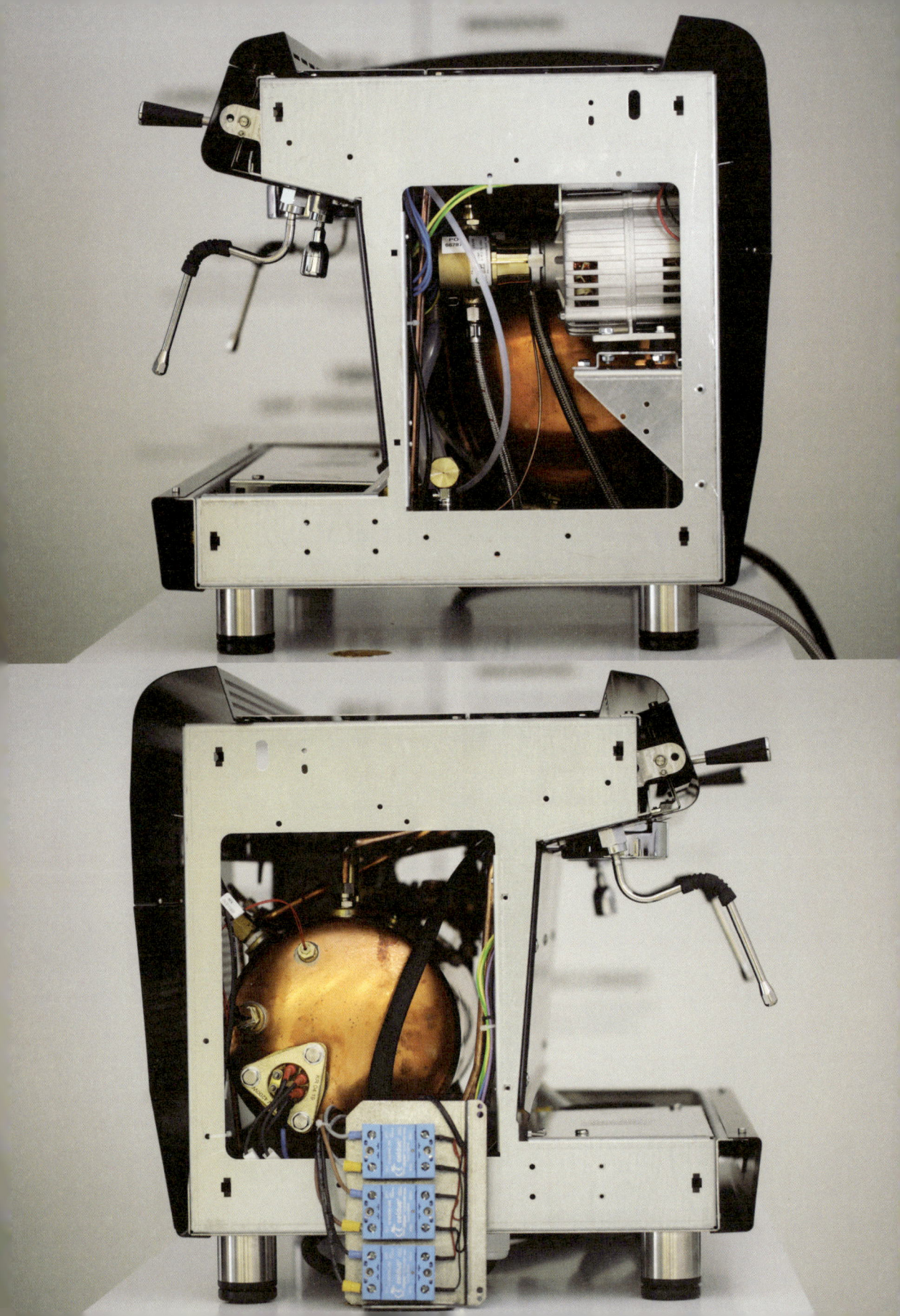

2장

에스프레소 그라인더 운용하기

1. 에스프레소 그라인더 운용을 위한 지식
2. 에스프레소 그라인더 운용을 위한 기술

1 에스프레소 그라인더 운용을 위한 지식

1) 에스프레소 그라인더의 종류

에스프레소 그라인더의 분류는 머신 사용법 혹은 칼날(burr)의 형태에 따라 나뉘어 볼 수 있다.

[표 2-1] 머신 사용법에 따른 분류

수동형(manual)	도저를 당겨 원하는 양만큼의 원두를 갈아 배출시키는 그라인더
버튼식 자동형	버튼을 눌러 버튼에 저장된 시간만큼 모터를 작동시키는 그라인더
온디맨드(on demand) 자동형	포터필터로 작동스위치를 눌러 원하는 만큼의 갈아 배출시키는 그라인더

[사진 2-1] 그라인더 종류

수동형　　　　버튼식 자동형　　　　온디맨드(on demand) 자동형

[표 2-2] 그라인더 칼날의 종류

플랫형 칼날(flat burr)	평평한 형태의 칼날
코니컬형 칼날(conical burr)	삼각뿔 형태의 칼날

[사진 2-2] 플랫형 칼날 [사진 2-3] 코니컬형 칼날

플랫형 칼날은 기본적으로 고속 회전에 적합하며 대부분의 그라인더에서 일반적으로 사용하는 형태이다. 코니컬형 칼날은 플랫형에 비해 상대적으로 저속 회전에 적합하기 때문에 커피 성분 손실이 적으나 상황(날씨, 커피, 습도)에 따라 관리가 필요하다.

2) 에스프레소 그라인더의 구조

에스프레소 그라인더를 여러 형태로 분류할 수 있지만 기본적인 구조는 대동소이하다. 가장 기본적인 수동 타입의 플랫 형태의 그라인더를 통해 그 기본구조를 보도록 하겠다.

- 도저통(그라인딩된 원두 보관)
- 도저 레버
- 전원 스위치

- 입자조절판
- 포터필터 거치대

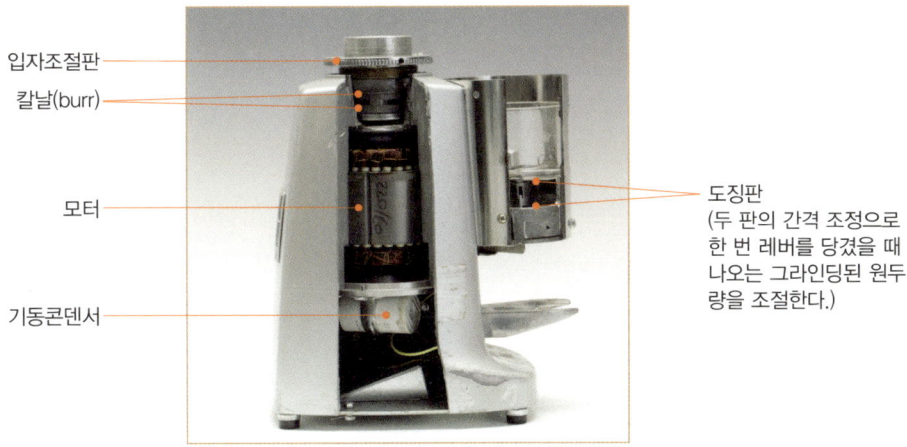

- 입자조절판
- 칼날(burr)
- 모터
- 기동콘덴서
- 도징판
  (두 판의 간격 조정으로 한 번 레버를 당겼을 때 나오는 그라인딩된 원두량을 조절한다.)

3) 에스프레소 그라인더의 작동 원리와 방법

(1) 그라인더의 이해

에스프레소를 추출하기 위해서는 고체인 원두를 부수어 작은 입자로 만드는 것부터 시작이다.

분쇄된 원두 가루들은 포터필터에 담겨지고 물과 압력의 의해 액체인 에스프레소로 바뀌게 된다. 원두가 가지고 있는 커피 성분을 최대한 뽑아내기 위해서는 원두의 특성과 로스팅 강도에 따른 분쇄 굵기를 찾는 것이 중요하다.

그라인더는 원두를 미세하게 분쇄하고 원두 입자를 균일하고 일정하게 토출해야 한다. 왜냐하면 원두 입자 굵기, 원두 토출량에 따라서 커피 추출도에 영향을 주기 때문이다. (단 1g 의 차이로도 추출 속도는 2~3초가량 차이가 난다.)

커피의 신선하고 풍부한 향기는 분쇄가 되면서 빠르게 산패가 진행되기 때문에 분쇄하자마자 바로 추출하는 것이 좋은 향을 유지하기 좋다. 특히 코니컬 칼날의 경우 분쇄 굵기는 여러 가지 환경적인 요소로 인해서 수시로 변하기 때문에 상황에 맞게 신속하게 조절해야 한다.

원두를 많이 분쇄하면 칼날의 마모가 심해지게 된다. 칼날 교체 주기는 원두 사용량, 분쇄도, 로스팅 강도, 칼날의 크기에 따라 달라진다. 통상적으로 400kg~500kg의 사용량으로 계산하여 교체 주기를 잡지만, 계산하기 어렵다면 많은 원두를 사용하는 매장은 6개월, 그 외에는 1년마다 교체하는 것이 좋다.

원두의 가장 큰 적이라 할 수 있는 것은 열과 산소이다. 그라인더를 연속적으로 사용 시 칼날에 의해서 원두가 파쇄되면서 그라인더 칼날에서 마찰열이 발생하고 모터 자체에서도 열이 발생한다.

그라인더는 열을 감소시키기 위해 쿨링팬 장착, 혹은 모터의 회전에서 발생하는 바람으로 그라인더의 열을 감소시킨다. 열로 인해 향과 맛이 크게 변화하기 때문이다.

분쇄 원두의 온도는 칼날 크기, 모터 크기, 모터의 분당 회전수에 따라 온도가 달라진다. 그라인더를 연속적으로 작동시키면 분쇄 원두의 온도 또한 지속적으로 상승되기 때문에 그라인더의 쿨링 시간이 필요하다.

(2) 분쇄도 조절의 이해

그라인더마다 원두 입자를 조절하는 방법이 다르다. 레버를 돌려서 입자를 조절하거나, 입자조절판을 돌려서 조절한다. 시계 방향대로 돌려서 입자를 가늘게 하거나, 시계 반대 방향으로 돌려서 입자를 가늘게 하는 경우가 있다.

에스프레소를 추출하다가 계속해서 변화가 있을 경우 입자 조절을 한다. 분쇄도 조절한 후에는 그라인더 도저에 남아 있는 분쇄 원두를 버리고, 그라인더를 작동시켜 토출부 안에 있는 잔여 분쇄 원두도 버린 후 커피를 추출하여 분쇄도를 확인한다. 또한 입자 조절을 했을 때 한번만 커피를 추출하기보다 2~3회 반복적으로 진행하여 분쇄도가 적절한지를 확인하는 것이 중요하다.

또한 입자 조절 폭이 커짐에 따라 원두량의 차이도 커질 수 있기 때문에 원두량도 확인해주는 것이 좋다.

탬핑의 강도에 따라서도, 담긴 원두의 수평 밀도에 따라서도, 원두량의 차이에 따라서도 추출 편차를 줄 수 있기 때문에 상황에 맞게 대처하는 것이 중요하다.

이러한 요소들을 일관되게 반영시키기 위해 오토탬핑기라든가 분쇄 시간을 조절할 수 있는 자동 그라인더가 나와 있다. 오토탬핑기는 포터필터를 탬핑기의 거치대에 올려놓으면 자동으로 세팅된 값으로 모터가 돌아가서 탬핑을 해주는 기기이다.

자동그라인더도 마찬가지로 분쇄 시간을 조절해서 원두량을 일정하게 세팅할 수 있다. 주문 즉시 세팅한 원두를 분쇄하기 때문에 맛과 향을 일정하게 유지할 수 있으며 잔여 원두가 버려지지 않는 장점이 있다.

(3) 입자조절판

[사진 2-4] 입자조절판

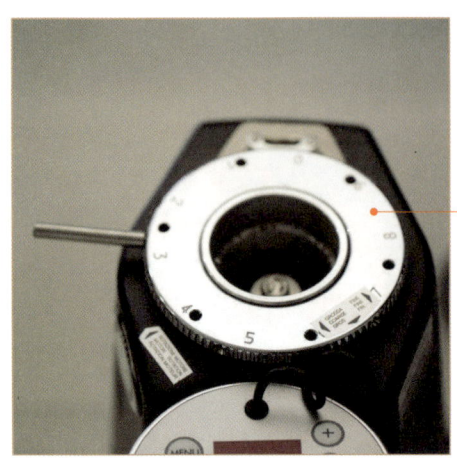

입자조절판

위의 사진은 시계 반대방향이 입자를 가늘게 해주는 그라인더이다. 분쇄도를 가늘게 혹은 굵게 조절해주는 부분이다. 일반적으로 상부 칼날 위에 입자조절판이 있다. 조절판 나사산을 이용하여 상부 칼날의 높이를 높이거나 낮아지게 함으로써 원두 입자를 조절할 수 있다.

[사진 2-5] 측면 다이얼로 입자를 조절하는 머신

한편 그라인더 측면에서 다이얼을 돌려서 조절하는 경우가 있는데, 하부 칼날 쪽에서 높이를 높이거나 낮아지게 하여 입자를 조절할 수 있는 것이다.

굵기 조절은 조절판 나사산을 어떤 방향으로 돌리느냐에 따라 다르다. 오른 나사산의 경우 시계 방향으로 회전하면 굵기가 굵게 되고 시계 반대 방향이면 가늘어진다. 왼 나사산의 경우 시계 방향으로 회전하면 굵기가 가늘게 되고 시계 반대 방향이면 굵어진다.

(4) 칼날

칼날은 그라인더 제조회사와 그라인더 종류에 따라 다양하다. 크게 플랫형 칼날과 코니컬형 칼날로 나눌 수 있다. 많은 모델들이 플랫 칼날을 사용한다. 균일한 분쇄도로 사용하기 쉽다는 점이 가장 큰 이유라고 볼 수 있다. 평평하게 두 날이 마주보고 있어 칼날 가운데 원두가 들어오면 원심력을 이용하여 칼날 안에서 외부로 밀어내는 방식이다.

[그림 2-1] 그라인더 칼날의 분쇄 원리

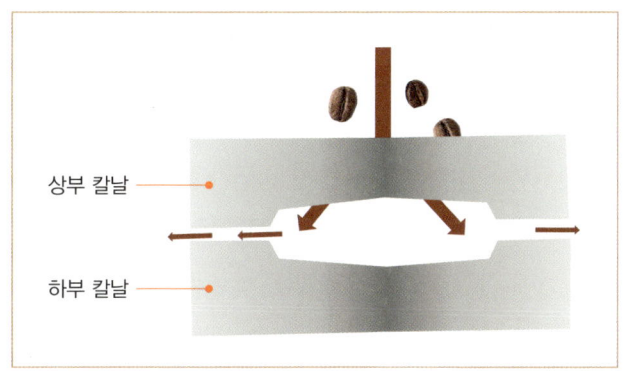

코니컬 칼날은 소수의 모델에서 사용되고 있으며, 원뿔형 모양으로 파쇄한다. 이

러한 구조 때문에 분쇄 입자가 고르지 못하고 그 고르지 못한 입자의 다양성으로 인해 좀 더 복합적인 표현이 가능하다.

그라인더 칼날의 종류에 따라 분명히 추출되는 맛과 풍미에 차이가 있다. 하지만 그 차이가 맛의 기준이 될 수는 없다. 맛은 정형화될 수 없기 때문이다. 어떤 맛이 더 좋은지를 정해 우열을 가리는 것은 일종의 편견이 될 수 있다. 그렇기 때문에 바리스타가 추구하는 맛에 맞는 그라인더를 선택하는 것이 무엇보다 중요하다.

칼날은 보통 모터 축과 같이 돌아가는 회전 칼날, 고정대에 부착되어 있는 고정 칼날로 나눌 수 있다.

[사진 2-6] 그라인더 칼날의 구성

고정 칼날

회전 칼날

회전 칼날은 모터가 작동하면 칼날이 같이 회전하면서 원두가 분쇄되는 것이다. 고정 칼날은 따로 회전하지 않고 입자 조절시 고정대가 부착된 칼날이 상하로 움직이게 된다. 고정 칼날이 회전 칼날에 가까울수록 가늘게 분쇄되고, 멀어질수록 굵게 분쇄된다.

(5) 모터 세트(모터와 기동콘덴서)

그라인더 부품 중에서 가장 핵심 부품이다. 모터에 전력이 들어가면 회전하고 축에 회전력을 발생시켜 원두를 갈아낸다.

칼날 크기와 종류에 따라서 모터의 용량, 기동콘덴서의 용량, rpm(1분 동안 모터의 회전수)에 따라 달라진다.

모든 모터가 정지 상태에서 회전을 걸고 일정한 상태까지 도달하기까지 많은 전기의 힘이 필요하다. 이를 기동부하라고 한다. 기동부하가 걸릴 때 도와주는 부품이 기동콘덴서이다. 기동콘덴서는 전기를 일시적으로 저장해 놨다가 모터가 작동될 때 같이 작동하여 힘을 더해주어 고속으로 회전시킨다. 원심력의 의해 일정하게 회전을 유지하면 기동콘덴서는 다음 작동을 위해 충전 상태로 대기하게 된다.

일반적인 모터 회전수는 플랫형의 경우 1400~1800rpm, 코니컬형은 500rpm 정도이다. 회전수가 높다는 것은 원두 분쇄 시 열을 많이 발생시킬 수 있다는 뜻이다.

(6) 팬(Fan)

커피를 연속해서 분쇄할 때 모터에서 발생하는 열, 원두와 칼날사이에서 발생하는 마찰열로 인하여 온도가 올라간다. 온도가 지속적으로 올라가면 커피 추출과 커피 맛에 영향을 미치기 때문에 온도를 제어하기 위해서 쿨링팬이 달려있다.

(7) 도저통(분쇄커피 보관통)

도저통은 자동 그라인더에는 없고 수동 타입의 그라인더에만 존재한다. 원두가 분쇄되어 도저통에 보관되고 레버를 당길 때마다 커피 양 조절판이 돌아가면서 앞

쪽으로 그라인딩된 분쇄커피가 밖으로 떨어지게 만든다. 커피 양 조절판을 높이거나 낮게 조절하여 분쇄 커피 양을 조절하면 된다.

  도저에 분쇄커피를 어느 정도 채워야만 레버를 당길 때 나오는 커피 양이 일정하게 되는데 신선한 커피를 담기 위해 그라인더를 작동시키면서 도징 레버를 빠르게 반복하여 당기는 경우가 많다. 이 경우 도저통 하부의 스프링이 파손되는 경우가 많으니 주의하여야 한다.

2. 에스프레소 그라인더 운용을 위한 기술

1) 에스프레소 그라인더 세팅

(1) 에스프레소 그라인더 분쇄 굵기 조절하기

입자 조절은 칼날(burr)의 간격을 크게 하거나 적게 하여 조절한다. 대부분의 그라인더는 나사산의 조임이나 풀림을 통하여 간격을 조절하는데, 그 나사산은 머신의 종류에 따라 시계 방향으로 조이거나 반시계 방향으로 조여 분쇄 입자를 가늘게 할 수도 있으니 알아 두어야 한다.

[사진 2-7] 반시계 방향이 더 가는 입자   [사진 2-8] 시계 방향이 더 가는 입자

초기 세팅의 경우 완전히 조여진 상태에서 반대 방향으로 적절히(약 1/3~1/2바퀴) 풀어준 뒤 커피를 추출해가면서 원하는 상태의 입자를 설정한다. 그라인더를 사용 중에 조절할 경우 입자를 굵게 풀어낼 때는 상관없으나 가늘게 조일 경우 칼날 사이에 원두가 끼어 갈리지 않는 경우가 있으니 그라인더를 작동시켜 원두를 갈면서 입자 조절판을 돌려주는 것이 좋다.

(2) 에스프레소 그라인더 분쇄량 조절하기

도저통을 갖고 있는 수동 그라인더의 경우 양 조절은 의미가 없다. 다만 레버를 한 번 당길시 토출되는 양은 조절할 수 있다.

A. 도저통을 가진 수동 그라인더의 1회 토출량 조절

[사진 2-9] 도저통

[사진 2-10] 조절 나사

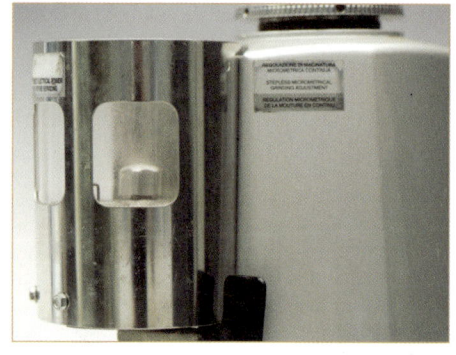

조절 나사

조절 나사를 돌리면 하부의 판넬을 상하로 움직일 수 있는데 이를 통해 1회 레버를 당길 시 토출되는 양을 조절할 수 있다.

B. 자동 그라인더의 경우 시간 세팅으로 분쇄량 조절

■ M사의 가장 기본 자동 그라인더의 경우

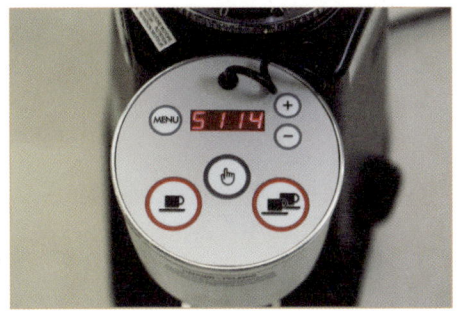

① 초기 화면

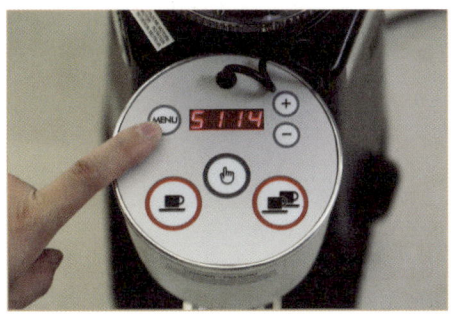

② 메뉴 버튼을 길게 누른다.

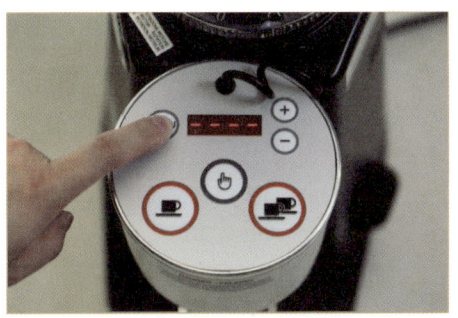

③ 액정창이 깜박일 때 누름을 멈춘다.

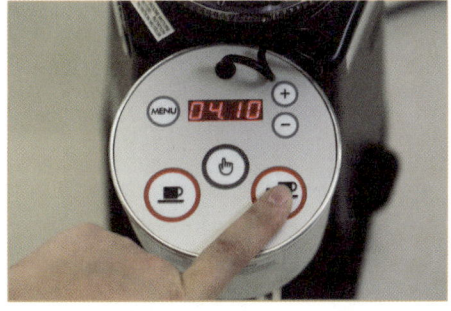

④ 1샷 또는 2샷 버튼을 누른다.

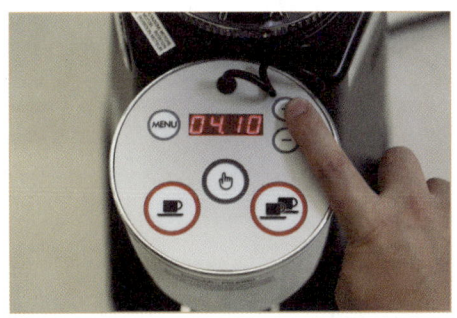

⑤ +, - 버튼으로 시간을 조절한다.

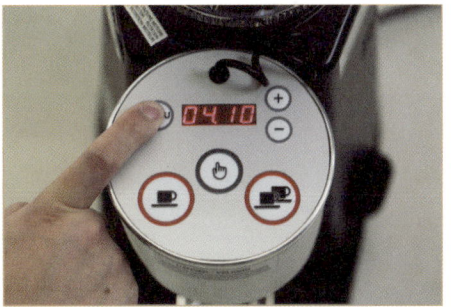

⑥ 다시 메뉴 버튼을 길게 눌러 저장한다.

■ 또 다른 M사의 경우

① 초기 화면

② 원하는 샷 버튼을 누른 후 해당 다이얼을 돌려 설정한다.

■ 구형 모델의 경우

① 초기 화면

② 양쪽 샷 선택 버튼을 동시에 5초가량 누른 상태로 있으면 메뉴 표시창으로 이동한다.

③ 샷 선택 버튼으로 좌우 이동한다.

④ T(싱글샷) 시간 설정화면에서 다이얼로 시간을 조절한다.

⑤ DTI(더블샷) 시간 설정화면에서 다이얼로 시간을 조절한다.

⑥ 완료 후 양쪽 샷 선택 버튼을 동시에 눌러 빠져나온다. (세이브 표시)

2) 에스프레소 그라인더의 관리와 세척

(1) 알약을 이용하여 청소하기

① 호퍼통에 원두를 다 비우고 현재 굵기를 체크한다.

② 그라인더를 작동시켜 잔여 원두를 갈아낸다.

③ 그라인더 입자를 굵게 조절한다.

④ 그라인더 청소용 알약 뚜껑을 열고 뚜껑에 가득 찰 정도로 알약을 계량하여 그라인더 호퍼에 붓는다.

⑤ 그라인더를 작동시켜 알약을 갈아낸다.

⑥ 갈려진 알약을 다시 그라인더에 넣어서 1~2회 갈아낸다.

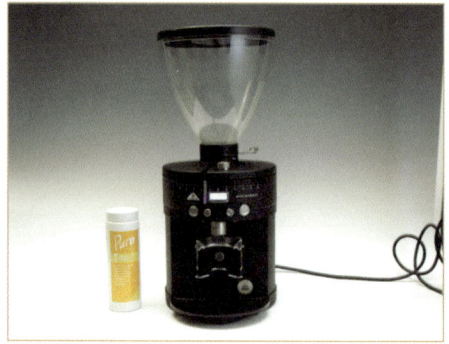

⑦ 소량의 원두를 넣어서 갈아낸다.
⑧ 이전에 체크해 놓은 분쇄입자로 다시 이동하여 마무리한다.

(2) 칼날(burr) 분해 청소

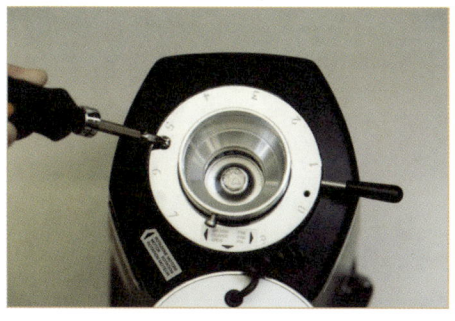

① 입자조절판 고정 나사를 드라이버를 이용하여 빼낸다.

② 현재 입자 기준점을 표시해 놓고 시계 반대 방향으로 돌아가지 않을 때까지 돌려주고 기준점에서 숫자 혹은 몇 칸이 이동했는지 체크해 놓는다.

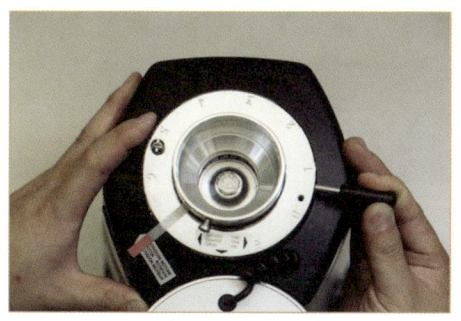

③ 입자조절판을 시계 방향으로 돌려서 빼낸다.

④ 상부 고정대를 빼낸다.

⑤ 고정대에 부착된 칼날 고정 나사를 드라이버를 이용하여 빼낸다.

⑥ 하부 칼날 또한 칼날 나사를 드라이버로 빼낸다.

⑦ 본체 나사산과 입자조절판 나사산에 있는 커피 찌꺼기를 청소한다. 특히 칼날을 제거했을 때만 보이는 부분의 커피 잔여물을 확실히 제거한다. 이 잔여물은 오랫동안 누적된 찌꺼기로 불쾌한 향의 원인이 될 수 있다.

⑧ 마른수건으로 닦아 준다.

⑨ 각각의 나사산에 식용 구리스를 발라 준다.

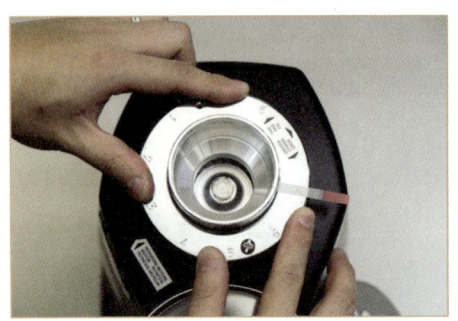

⑩ 상부 고정대를 집어넣고 입자조절판을 반시계 방향으로 돌아가지 않을 때까지 돌려준다. 체크해 놓은 숫자 혹은 칸만큼 시계 방향으로 돌려서 맞춘다.

⑪ 완료 후 에스프레소를 추출하여 원하는 상태로 미세 조정한다.

3) 에스프레소 그라인더의 작동 오류 시 이상 유무 확인

(1) 추출 상태의 변화가 너무 심할 경우

커피 머신의 상태보다는 그라인더의 칼날 상태를 확인해야 한다. 우선 그라인딩 된 커피를 똑같은 무게로 측정하여 여러 차례 추출한 다음 에스프레소의 상태를 비교한다. 특히 같은 무게임에도 불구하고 추출 속도에서 5초 이상의 편차를 보인다면 칼날 교체를 고려하여야 한다. 칼날 교체는 앞의 칼날 분해 청소 방법을 참고하여 새로운 칼날로 교체할 수 있다.

(2) 원두가 갈리지 않을 경우

① 원두를 갈려고 시도할 때 뭔가 작동하려는 소리가 나는데 갈리지는 않는다면 칼날과 칼날 사이에 원두나 혹은 다른 이물질이 걸려 있을 수 있다. 원두의 경우라면 입자를 굵게 세팅하여 작동시키면 해결되는 경우가 많고, 원두 이외의 다른 이물질(원두에는 생각보다 많은 쇠, 돌 등이 들어 있다)이라면 분해하여 수작업으로 이물질을 제거해야 한다. 특히 원두 포장지의 아로마 밸브가 들어가게 되면 무리하게 갈아내려다가 아로마 밸브가 녹아 내려 칼날 사이에 들러붙는 경우가 생길 수 있다.

② 입자를 굵게 세팅하였으나 작동하지 않는다면 원두를 모두 제거하고 비어 있는 상태에서 가동해 보아야 한다. 원두가 없는 상태에서도 돌지 않거나 육안으로 보았을 때 힘없이 돌아간다면 작게는 기동콘덴서, 크게는 모터 자체의 이상일 수 있다. 이럴 경우에는 무리하게 분해하지 말고 A/S센터로 연락하여 수리를 받는 것을 추천한다.

3장

보조 머신
운용하기

1. 제빙기
2. 블렌더
3. 온수기

3장에서는 매장 운영 시 커피머신과 그라인더만큼 중요한 기본적인 보조 머신에 대해 간략하게 살펴보도록 하겠다.

1 제빙기

1) 제빙기의 정의

제빙기는 매장의 아이스 음료와 아이스 관련 메뉴를 만들기 위해 매장 내에서 얼음을 생성하고 보관하는 기계를 말한다. 얼음을 만드는 방법에 따라 분사식, 버티컬식 등으로 나눌 수도 있으나 여기서는 기계적인 관점에서 공랭식과 수랭식으로 구분하도록 하겠다.

[사진 3-1] 공랭식과 수랭식 제빙기 외관(외관으로는 구별할 수 없다)

2) 제빙기의 구조

모든 냉각기(에어컨, 냉장고)는 컴프레셔라고 하는 압축 펌프모터에서 발생하는 고압가스의 열을 식혀 주는 부분이 존재하는데, 고압가스의 열을 식혀 주는 방식에 따라 공랭식과 수랭식으로 나뉜다.

[사진 3-2] 수랭식 콘덴서

[사진 3-3] 공랭식 방열판

공랭식은 쉽게 말해 에어컨의 실외기가 머신의 내부로 들어가 있는 형태를 말한다. 위 사진에서 보듯이 고압가스가 방열판을 통과하면서 열을 방열판의 날개 부분으로 전달하고 내부 팬(fan)의 바람을 통해 그 열을 식히는 방식이다.

수랭식은 이중구조의 파이프가 열을 식히는 데 사용된다. 한 라인은 고압가스가, 다른 라인은 일반 수돗물이 통과하여 열을 식히는 방식으로 가스의 온도에 따라 물이 지나가는 양을 조절해 준다.

각 머신은 나름의 장단점을 가지고 있다. 공랭식은 내부 팬으로 인한 소음이 발생할 수 있다. 수랭식은 팬 소음이 거의 나지 않으나 브랜드에 따라 워터펌프의 회전 부위를 팬의 용도로 사용하는 경우에는 같은 소음이 발생할 수 있다. 또한 공랭식은 방열판이나 방열판 앞쪽 에어필터에 먼지나 이물질이 쌓일 수 있다. 수랭식은 공랭식에 비해 상대적으로 먼지 등으로 인한 걱정은 적으나 물로 열을 식히는 방식이다 보니 수돗물의 소비가 많다는 단점이 있다. 특히 여름철에 인입되는 물의 온도가 상대적으로 높을 경우에는 열을 식히기 위해 지나가는 물의 양 또한 많아져 다른 계절에 비해 수돗물의 소비가 많다.

3) 제빙기의 관리

제빙기는 커피머신 등 여타 머신에 비해 관리 요소는 적으나 주기적인 관리를 소홀히 하면 냉각 저하나 고장이 발생할 수 있다.

특히 공랭식은 방열판과 방열판으로 공기가 유입되는 부분의 에어필터에 쌓여 있는 먼지를 최소 분기별로 청소해 주어야 하며, 먼지로 인해 공기가 순환되지 않으면 컴프레서 고장의 직접적인 원인이 되어 A/S 시 큰 비용을 지불해야 하는 경우가 생긴다. 이에 비해 수랭식은 상대적으로 관리할 부분이 적어 선호하는 방식이다. 다만 초기 구매 비용에서 약간의 차이가 난다.

두 방식의 모델 모두 얼음 저장통의 관리는 자주 해야 한다. 내부 세척 시에는 절대 수세미 등 스크래치가 날 수 있는 도구를 사용해서는 안 되며 부드러운 스펀지 재질로 세제를 사용하여 청결하게 유지하여야 한다.

얼음을 얼리는 냉판은 제빙기 전용세제를 이용하여 6개월에서 1년에 한 번 정도 세정 작업을 해야 하는데, 물을 순환시키고 빼야 하는 작업을 반복해서 해야 하므로 개인이 직접 하기에는 다소 번거로운 작업이다.

세제를 이용하여 제빙기를 관리하는 경우에는 청소 후에 세제의 잔여물이 남아 있지 않도록 하는 것도 중요하다.

또한 수질에 따라 드물기는 하지만 냉판에 스케일이 달라붙는 경우도 있다 스케일이 끼어 있으면 미생물이 번식하기 쉬워 위생에 문제가 생길 수 있으므로 수질이 좋지 않은 지역이라면 제빙기에 스케일 억제용 정수기를 달아 주는 등 주기적인 관리가 필요하다.

[사진 3-4] 제빙기 에어필터

(1) 제빙기 전용세제를 이용한 청소(머신에 따라 세척 방법은 다를 수 있다)

청결한 상태로 제빙기와 저장고를 유지하는 것은 매장의 책임이며 기본 사항이다. 제빙기는 대략 1년에 두 번 정도는 지정된 전용세제를 이용한 워터시스템 세척이 필요하다.

■ 물 분배기 세척 방법

① 얼음 배출 사이클 이후 냉판에서 얼음이 떨어지면 전원을 끈다. 혹은 전원을 끄고 냉판에서 얼음 잔여물이 녹을 때까지 둔다. 이때 냉판에서 얼음을 강제로 떼어 내어서는 안 된다.
② 뒷 판넬과 상부 판넬을 제거한다. (작업을 쉽게 하기 위해)

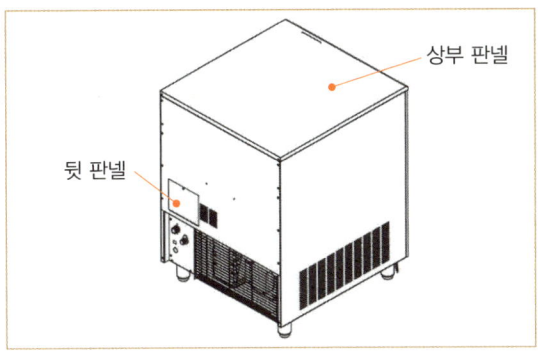

③ 저장통의 얼음을 모두 빼내어 별도로 보관한다.

④ 펌프 옆의 배출 보조관을 열어 워터 트레이의 물을 모두 빼낸 후 다시 원위치로 돌린다.

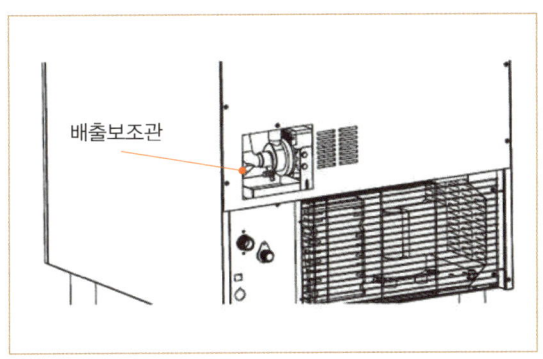

⑤ 전용 세제를 준비하여 적정 비율로 혼합한다. (산성 계열의 세정제 사용 금지)

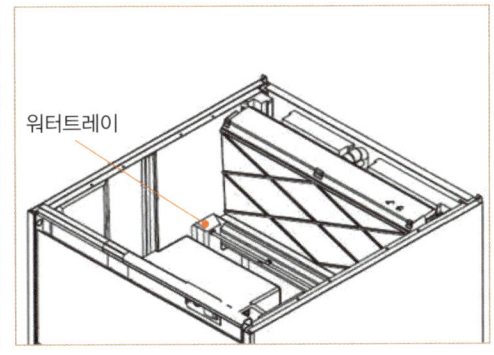

⑥ 워터 트레이에 혼합된 세정제를 채운다.
⑦ 컴프레셔 스위치를 끄고, 머신의 메인 스위치를 킨다. 30~40분가량 세정제를 순환시키고 머신 전원을 끈다.

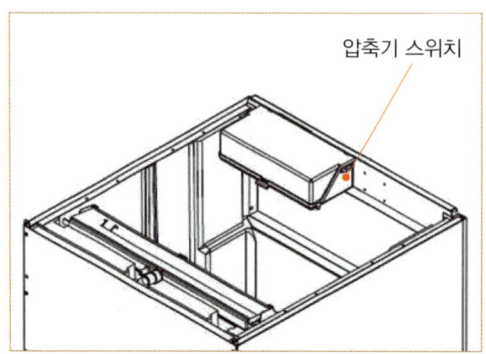
압축기 스위치

⑧ 전원과 급수를 차단한다.
⑨ 배출 보조관을 열어 세정제 잔여물을 제거하고 원위치로 돌린다.
⑩ 일반 주방세제를 물에 희석한다.
⑪ 커튼을 제거한다.

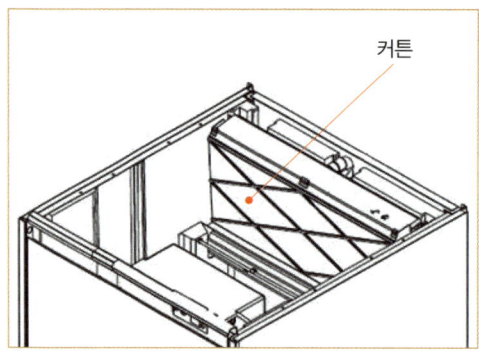
커튼

⑫ 커튼 표면을 부드러운 브러시나 행주로 세제를 이용해 닦아내고 물에 헹군다.
⑬ 커튼을 원위치시킨다
⑭ 전원을 연결하고 급수라인을 연다.

⑮ 전원을 켜고 20분 후 전원을 끈다.

⑯ 배출 보조관을 열어 물을 배출한 뒤 원위치로 돌리고, 워터트레이에 물을 가득 채운 뒤 전원을 키고 5분 후에 전원을 끈다. 이 과정을 두 번 이상 반복한다.

⑰ 배출 보조관을 열어 물을 제거하고 원위치로 돌린다. 워터트레이에 물을 가득 채운다.

⑱ 컴프레셔 스위치를 킨다.

⑲ 뒷 판넬과 상부 판넬을 장착한다.

⑳ 머신의 전원을 켜고 두 번 정도까지 생성되는 얼음은 버린다.

2. 블렌더

1) 블렌더의 정의

블렌더는 보통 믹서기라고 하는 머신으로 얼음과 과일을 갈기 위해 사용한다. 흔히 홍보 영상에서 벽돌이나 골프공 등을 넣고 가는 자료를 볼 수 있는데 이는 극단적인 상황을 연출한 것이므로 계속해서 그러한 강도로 사용할 수는 없다.

업소용은 그 정도로 강력한 힘을 가지고 있는 머신이기 때문에 소음 발생은 필연적이다. 이를 상쇄하기 위해 모델에 따라 방음 케이스가 구성품에 포함되어 있기도 하다.

[사진 3-5] 방음케이스 없는 모델

[사진 3-6] 방음케이스 있는 모델

2) 블렌더의 구조

일반적으로 '자(jar)'라고 하는 용기와 머신 본체로 나뉘며 필요에 따라 방음 케이스가 추가되기도 한다. 용기에는 칼날과 함께 본체와 맞물려 돌아가는 톱니기어가 있는데 이 부분을 소모품으로 취급하여 문제가 있을 때 교체하거나 용기를 통째로 교체해야 하는 경우도 있다.

[사진 3-7] 용기(jar)

[사진 3-8] 칼날

본체에는 용기의 톱니 기어와 맞물리는 커플링이 있는데 잘못된 사용(사용 중 혹은 완전히 정지하지 않은 상태에서 용기 분리)으로 인해 마모되는 부품이다.

[사진 3-9] 본체

[사진 3-10] 커플링

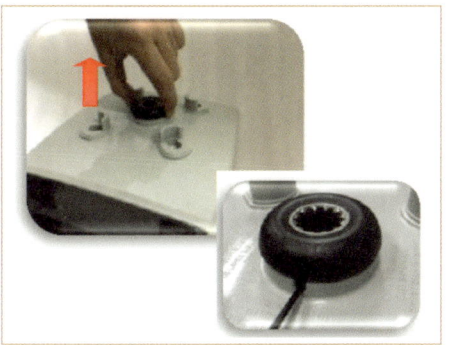

3) 블렌더의 관리

 매일 음료 제조로 사용한 후 세척 방법에 따라 용기를 세척 후 사용한다. 약 일주일 정도 주기적으로 1회 이상 용기 분리 후 칼날 상태를 점검하고 세척한다. (칼날 틈에 묻은 이물질이 음료에 혼입되지 않도록 세척하면 된다.)

(1) 음료 제조 후 세척 방법(일일 세척 방법)

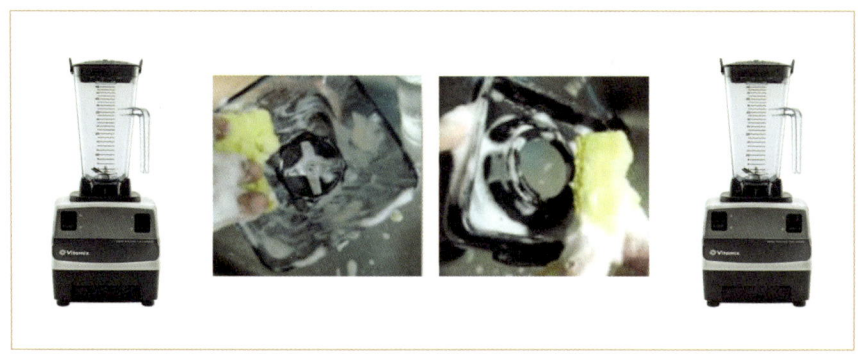

① 용기에 물을 1/3 정도 넣고 세제를 한두 방울 넣은 후 약 30초 정도 작동시킨다.
② 부드러운 스펀지에 세제를 묻혀 용기 및 뚜껑을 닦아 이물질을 제거한 뒤 헹궈준다.
③ 세제가 남지 않도록 물을 넣고 작동시켜 여러 번 헹궈준 후 사용한다.

(2) 분리 세척 방법
(약 일주일 정도 주기적으로 칼날 틈에 남아 있는 이물질을 청소하는 방법)

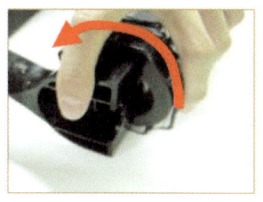
① 한손으로 용기를 잡고 칼날 렌치를 이용하여 용기 바닥의 동그란 칼날 너트 홈에 맞추어 끼운 후 시계 반대 방향(화살표 방향)으로 돌려서 풀어준다.

② 용기는 부드러운 스펀지를 이용해 깨끗이 닦아서 헹궈준다. (용기가 손상되었는지 확인한다.)

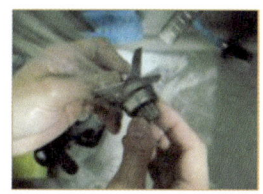
③ 분해한 칼날 뭉치를 솔을 이용해 구석구석 깨끗이 닦아준다. (이때 칼날 손상 및 고장 여부를 확인한다.)

④ 세제가 남지 않도록 흐르는 물에 깨끗이 헹궈준다.

⑤ 물기를 제거한 후 용기에 칼날과 너트를 칼날 렌치를 이용하여 시계 방향(화살표 방향)으로 조립 후 사용한다. 칼날 부품은 세제가 남아 있거나 물에 담가 놓으면 칼날 회전 부품의 부식(마모 현상)이 빠르게 진행된다.

본체와 용기 부분은 부드러운 스펀지로 닦아야 하고, 수세미 등을 사용할 경우 표면에 손상이 있을 수 있으며 특히 용기 내부는 미생물이 번식할 가능성이 있다.

자는 일반적인 세척 이외에 계량된 소독제나 세정제를 사용하여 세척함으로써 더 깨끗하고 위생적으로 관리할 수 있으며 재조립 시 용기를 뒤집어 칼날 모터 기어 부분에 유격이 있지 않는지, 본체의 커플링에 마모 정도는 괜찮은지 여부를 확인한다.

3 온수기

1) 온수기의 정의

음료 판매 시 커피머신의 온수를 자주 사용하게 되면 내장형 보일러를 가진 머신의 경우 커피 추출 온도에 영향을 주게 되고, 찬물이 들어가 스팀보일러의 온도가 하강하고 다시 히팅되어 온도가 상승되는 과정이 반복되다 보면 스케일 관련하여 악영향을 줄 수 있다.

이러한 연유로 머신과 별도로 온수 혹은 온수와 정수된 상수를 안정적으로 추출하기 위해 커피머신의 보조 머신으로 설치된 기계를 온수기라 한다.

최근 매장에서는 온수기를 기본 품목으로 설치하여 안정적인 온수공급을 받을 수 있게 하고 있다.

온수기는 보일러 형태에 따라 내부를 볼 수 있는 개방형과 완전 밀폐형으로 나뉘고, 추출 방식에 따라 일반 정수기 형태의 콕크형과 물의 양을 감지하고 개량해주는 디지털 버튼형으로도 나눌 수 있다.

[사진 3-11] 상부 개방형, 콕크형   [사진 3-12] 밀폐형, 디지털 버튼형

2) 온수기의 구조

온수기는 보일러 내부에 물을 채워주는 급수밸브, 수위 센서나 수위를 감지하는 부레와 같은 부품, 물을 끓이는 히터 등으로 구성된다. 물의 양을 계량하는 모델의 경우 커피머신의 플로우카운터와 같은 부품이 들어가기도 하고 보드에서 밸브가 열리는 시간을 감지하여 물의 양을 제어하기도 한다. 시간 감지 추출방식의 경우 연속 추출 시 물의 온도에 편차가 생겨 물의 양이 약간 차이가 나기도 한다.

[사진 3-13] 개방형 머신 내부

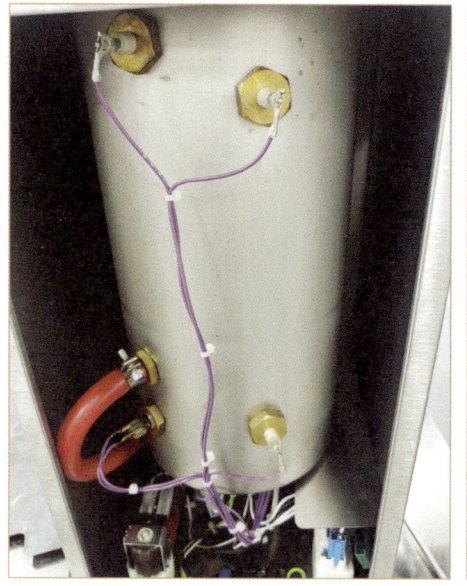

[사진 3-14] 수위센서

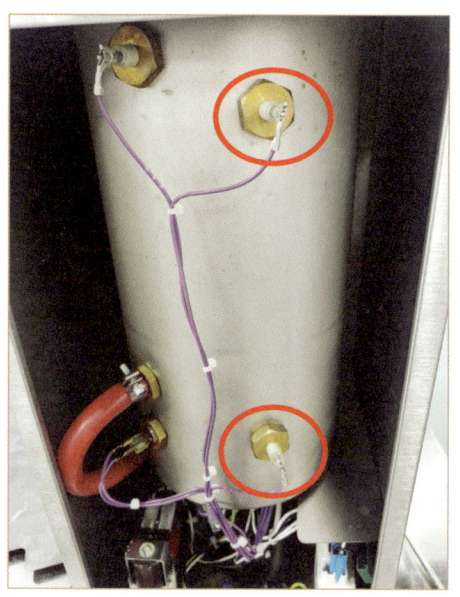

[사진 3-15] 온도센서

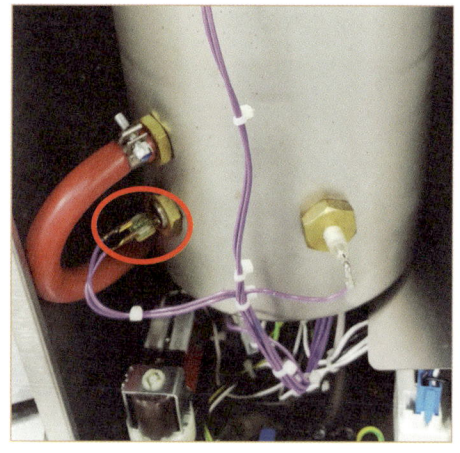

[사진 3-16] 밸브

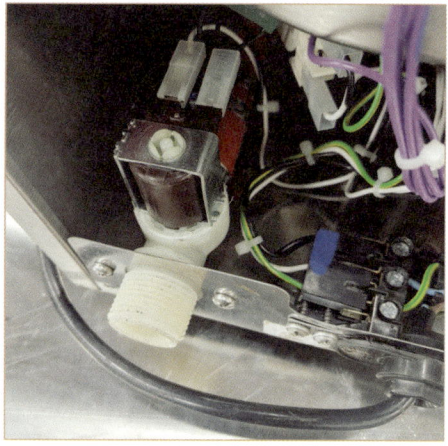

3) 온수기의 관리

　온수기는 주로 스케일 등의 문제로 이상이 발생하는 경우가 많다. 개방형 온수기의 경우 내부의 이물질이나 스케일 등을 육안으로 쉽게 확인할 수 있어 A/S센터에 증상이나 청소 주기 등을 알려주기 용이하다. 밀폐형 구조를 가진 온수기는 위와 같은 이상 증상을 알기 어렵고 실제 증상이 나타났을 경우 스케일 관련 문제가 상당히 진행되었을 것으로 추측된다.
　온수기는 온도의 상승과 하강이 커피머신보다 더 빈번하게 일어나므로 스케일 문제가 커피머신보다 발생하기 쉬운 조건이 된다. 주로 추출구 앞부분에 스케일이 보이기 시작하면 한 번쯤 점검을 받아보는 것을 추천한다.
　온수기는 평상시 관리 요소가 상대적으로 적다. 다시 말해 외관 세척 이외에는 할 수 있는 것이 거의 없다고 생각할 수 있다. 계속 반복되는 얘기지만 고장의 원인과 증상은 거의 대부분 스케일로 인한 문제이므로 연수용 정수 필터를 커피머신보다 오히려 더욱 신경 써야 한다.

[사진 3-17] 스케일 제거 전　　　　　**[사진 3-18] 스케일 제거 후**

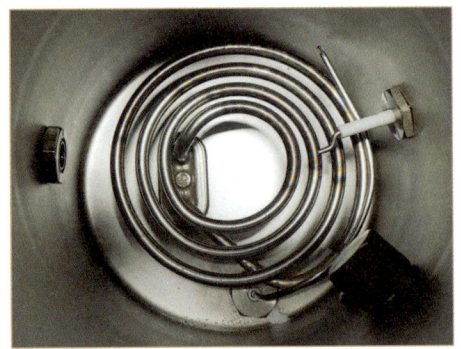

4장

커피머신
수리

1. 커피머신 수리 요청 접수
2. 커피머신 고장 부분 진단 및 수리

1 커피머신 수리 요청 접수

1) 커피머신 부품의 상호작용과 오작동에 대한 이해

커피머신 부품과 주변 상황에 대해 이해하고 있다면 사전 점검할 수 있는 대표적인 몇 가지 예를 살펴보자.

(1) 전원 불량

머신에 전원이 들어오지 않을 경우에 가장 먼저 확인해야 하는 부분은 누전 차단기이다. 일반적으로는 머신에 쓰이는 전기 용량이 크기 때문에 커피머신을 위한 별도의 차단기를 설치해 두는데, 간혹 차단기에 다른 콘센트를 같이 연결해 놓는 경우도 있다.

이럴 경우 과부하로 차단기 단락이 발생할 수 있으므로 일단 차단기를 확인해 봐야 한다. 차단기는 육안으로 확인하는 데에 그칠 것이 아니라 완전히 내렸다가 다시 올리는 방법도 시도하여야 한다.

이 방법으로 문제가 해결되었다면 과부하의 원인을 찾는 것이 중요하며, 해결되지 않았다면 과부하가 아닌 머신의 누전 문제일 가능성이 있으므로 A/S를 신청해 점검해 보아야 한다.

차단기의 용량은 머신 용량보다 20~30% 여유를 두는 것이 좋다.

[사진 4-1] 배전판

[사진 4-2] 차단기

그 다음으로 확인해 볼 것은 전원 스위치이다. 전원 스위치가 제대로 켜져 있는지 다시 한번 확인한 후 A/S 접수를 하도록 한다.

최근 출시된 머신들은 액정과 LED 라이트가 장착되어 있는 경우가 많으므로, 완전히 전원이 들어오지 않는 상태인지 아니면 액정은 반응하지 않지만 LED 라이트

[사진 4-3] 전원 스위치

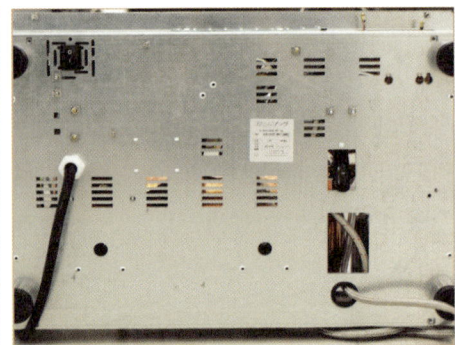

에는 불이 들어오는지도 확인해야 한다. LED 라이트는 정상이지만 액정만 반응하지 않는 경우에는 액정 뒷면의 케이블이 빠지지 않았는지도 가능한 경우에는 확인해야 한다.

[사진 4-4] 액정 뒷면 케이블

(2) 커피 추출 이상

커피 추출이 되지 않을 경우에는 다양한 변수가 존재한다. 추출에 사용된 커피가루에 문제가 없음에도 불구하고 한 쪽 그룹에서만 추출이 되지 않는다면 우선 추출 버튼이 정상적으로 눌리는 느낌이 나는지를 확인하고, 정상적으로 눌린다면 내부의 커피밸브가 작동하는 "딱, 딱" 하는 소리가 들리는지 파악한다. 소리가 나지 않는다면 커피밸브에 문제가 있거나 커피밸브로 전원이 공급되지 않는 상황이다. 소리가 나는 경우에는 스케일이나 녹(사용 기간이 오래되었을 경우) 등으로 인해 커피밸브 내부의 스프링이 제대로 작동되지 못하거나, 드문 경우이기는 하지만 밸브를 고정하는 육각너트가 너무 강하게 조여 있을 때에도 밸브가 정상적으로 작동하지 못한다. 또한 스케일 등으로 지클러(홀디스크, 스프레이 노즐) 등이 막혀 있거나 장기간의 세척 불량으로 인해 물이 지나가야 하는 라인이 막혀 있을 수도 있다.

[사진 4-5] 커피 밸브 장착 사진　　[사진 4-6] 지클러

다른 원인으로는 샤워망과 디퓨저의 청소 상태도 의심해 볼 수 있다. 밸브가 열리고 물이 어느 정도 나온다면 머신을 끄고 샤워망과 디퓨저를 분해하여 청소한다. (이때 반드시 전원을 꺼야 한다.)

추출 불량의 원인으로 압력 발생이 원활하지 않은 경우에는 기본적으로 물 공급을 먼저 확인해야 한다. 평상시 수압게이지에 어느 정도의 압력이 걸리는지를 확인하고, 현재 상태에서 수압게이지가 '0'을 가리킨다면 급수라인이 잠겨 있거나 커피머신과 연결되어 있는 정수필터의 상태 역시 의심해야 한다. 특히 추출 버튼을 눌렀을 때 모터펌프 부위에서 굉음이 난다면 머신 이전의 어딘가에서 물 공급이 되지 않고 있다는 뜻이다.

[사진 4-7] 수압게이지

평상시 압력　　　　급수 문제로 '0'을 가리킬 때

물 공급에 이상이 없고 추출 버튼을 눌렀을 때 내부에서 모터 돌아가는 소리가 들리지 않는 경우 혹은 소리는 나더라도 수압게이지에 변동이 없는 경우에는 펌프헤드나 펌프모터, 콘덴서 쪽에 문제가 있을 가능성이 크다.

(3) 히팅 불량

커피 추출 온도가 뜨겁지 않거나 스팀이 나오지 않는 경우를 말한다. 히팅 불량이 의심되면 일단 스팀게이지의 상태를 확인한다. 스팀보일러의 가열이 완료된 상태, 즉 커피 추출이 가능한 상태라면 스팀게이지는 온도 설정에 따라 1bar 전후를 가리킨다. 스팀게이지가 '0'을 가리키고 있다면 히팅이 되고 있지 않다는 신호인데, 가능한 상황은 급수가 안 되고 있거나 오히려 물이 많이 들어가 오버플로우(overflow) 상태이거나 히터 또는 릴레이가 불량일 수 있다.

위의 불량 증상이 의심되는 경우에는 매장에서 직접 손을 쓰게 되면 화상이나 감전 등의 위험이 있으므로 머신을 분해하여 스스로 해결할 생각을 버리고 즉시 A/S를 접수해야 한다.

[사진 4-8] 급수밸브

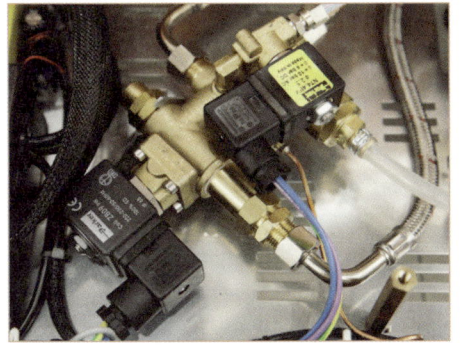

[사진 4-9] 릴레이

[사진 4-10] 히터

2) 커피머신 수리 요청 접수

■ 커피머신 수리 접수증 작성하기

커피머신 수리 접수는 대부분 전화 접수로 이루어지므로 접수증 작성은 가상이며 접수 받는 쪽에서 작성하거나 ERP시스템에 입력하기 위한 최소한의 요구 조건 데이터이다. 이에 가상으로 전화 접수 단계를 상정하여 접수에 필요한 최소한의 내용을 추려보겠다.

가정) 우측 그룹에서 커피 추출수가 전혀 나오지 않는 'B' 매장에서 접수
A/S센터 : 감사합니다. 커피머신 서비스 센터 ㅇㅇㅇ입니다.
B : 커피가 추출되지 않아 전화 드렸습니다.
A/S센터 : 예 알겠습니다. 머신 모델이 어떤 모델인지 알고 계십니까?
B : C사 T××입니다.

A/S센터 : 예 그럼 증상은 어떻게 되시나요?

B : 좌측 그룹은 정상적으로 추출이 되는데 우측은 '딸깍'하는 소리만 나고 추출이 전혀 되지 않습니다.

A/S센터 : 우측 그룹 추출 불량으로 접수해 드리겠습니다. 매장명과 연락 가능한 연락처를 알려 주세요.

B : 'B'매장이라 하고 010-××××-××××로 연락하시면 됩니다.

A/S센터 : 예 접수해 드렸습니다. 혹시 사용 기간은 얼마나 되셨는지 알고 계신가요?

B : 정확히는 알 수 없고 2년쯤 전에 중고로 매입하였습니다.

A/S센터 : 2년 이상 되셨으면 유상으로 처리되실 것이고 방문 시 기본 출장비가 발생합니다. 자세한 사항은 근처 기사님께서 연락드릴 테니 방문 시간과 수리비용을 안내받으시면 될 것 같습니다. 감사합니다.

■ 실제 필요한 정보

- 매장명 : B
- 연락처 : 010-××××-××××
- 모델 : C사 T××
- 증상 : 우측 그룹 추출 불량
- S/N : 139807(보증 유무 판단)
- 사용기간 : 2년 이상(보증 유무 판단)

2. 커피머신 고장 부분 진단 및 수리

업체 엔지니어 입장에서 매장을 방문하여 고장 진단 및 견적 작성 수리 진행까지 몇 가지 가정으로 기술하겠다.

1) 커피머신 이상 부분 유추

(1) 전원 이상

배전판 확인하기. 차단기의 단락 유무 확인으로 보드나 전원 관련 부분의 이상인지 누전으로 인한 전원 차단인지를 판단한다.

(2) 추출 이상

먼저 추출 버튼이 제대로 눌리는지를 확인하고 커피밸브가 제대로 작동하는지를 체크한다. 잘 작동한다면 물은 조금이라도 나오는지에 따라 버튼, 밸브, 스케일 등의 이상 부분을 유추한다.

(3) 압력 발생 이상

커피 추출 시 급수가 원활한지, 펌프모터의 작동 유무, 펌프헤드의 분리로 모터의 회전속도 등으로 펌프헤드, 펌프모터, 콘덴서의 이상 부분을 유추한다.

(4) 수량 이상

플로카운터(flowcounter)의 상부를 육안으로 확인하고, 단자의 접촉 상태를 확인할 수 있다면 상부를 열어 임펠러의 회전이 원활한지 등을 확인한다.

위의 경우의 수로 매장과 가상 견적을 확인하고 실제 수리 시 교체 부품이나 내용이 다를 수 있음을 고지하여야 한다.

견적 작성은 실제 매장에서 낼 수는 없고 부품과 출장비, 공임에 대한 비용 통보로 생각할 수 있으며 단원의 말미에 가상으로 견적 작성, 수리, 거래명세표 작성의 순으로 내용을 정리하겠다.

2) 커피머신 수리에 따른 견적서 작성

(1) 전원 불량 – 누전 차단기 단락으로 인한 경우

[사진 4-11] 배전판 사진

[사진 4-12] 누전 차단기

[사진 4-13] 차단기가 반 쯤 걸쳐진 모습

[사진 4-14] 차단기가 꺼짐 쪽으로 완전히 떨어진 모습

    차단기가 작동했을 경우에 차단기가 완전히 꺼짐(OFF) 쪽으로 떨어지는 상황도 있지만 그보다는 반쯤 걸쳐져 제대로 확인이 되지 않는 경우가 많다. 차단기 확인 시 반드시 끝까지 내렸다가 다시 올려 확인한다. 차단기를 올려도 해결되지 않고 반복되는 경우는 누전일 가능성이 크므로 누전의 원인을 찾는다. 모든 작업은 차단기를 완전히 내려 전기가 들어오지 않는 것을 확인하고 급수 또한 메인을 잠그고 시행한다.

① 히터 누전일 경우

가장 일반적으로 누전의 원인이 되는 곳은 히터이다. 보일러 내부에서 물을 끓이는 기능을 하는 히터는 머신의 부품 중 가장 전력 소모량이 많고 열을 발생하는 부분이다. 물과 맞닿는 보일러 내부에서 혹은 전기선이 연결되는 부분에서 누전이 일어날 수 있다.

저항은 열을 발생시키기 위해 필요한 부분이므로 선과 선의 저항을 체크했을 때

[사진 4-15] 히터 저항 체크

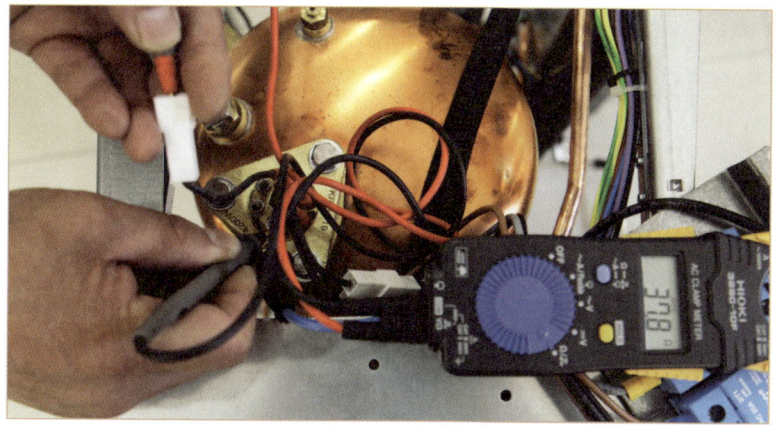

[사진 4-16] 전기선과 몸체 저항 체크

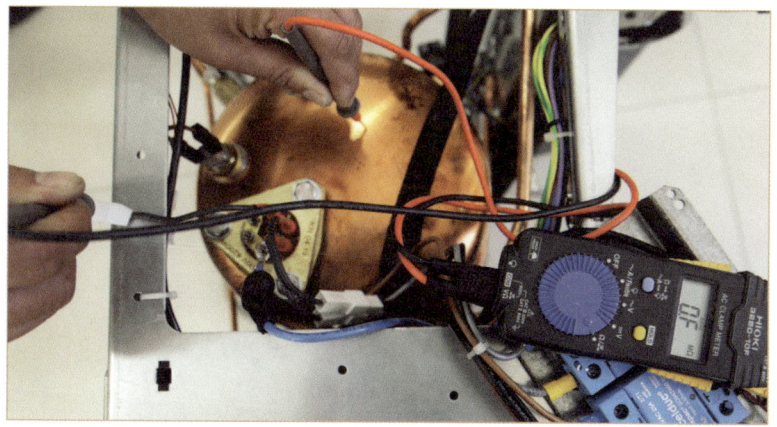

일정 수준의 저항이 체크된다. 히터가 끊어졌을 경우에는 저항이 감지되지 않는다. 또한 전기선 한쪽과 보일러 혹은 머신의 몸체를 체크했을 때 전기 테스터에는 어떠한 변화도 없어야 한다. 다시 말해 히터는 머신 외부와는 완전히 분리된 상태라야 하며 약간의 저항 혹은 '0'에 가깝게 저항치가 움직인다면 누전으로 판단 히터를 교체하여야 한다.

■ 히터 교체 방법

[사진 4-17] 보일러 물 제거 작업

너무 뜨거울 때 물을 뺄 경우 물이 튀거나 수증기에 화상을 입을 우려가 있으니 주의해야 한다.

[사진 4-18] 히터 제거 작업   [사진 4-19] 새 히터 장착   [사진 4-20] 누수 확인

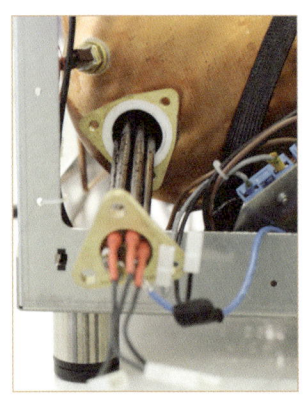 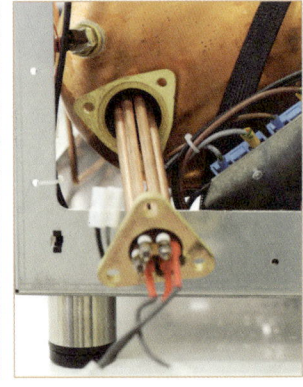 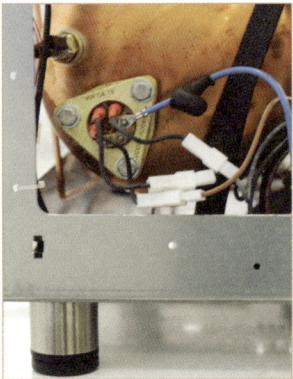

장착 후 바로 머신을 조립하지 말고 누수를 확인한다. 차단기를 올리고 머신의 전원을 켜고 상태를 확인한다.

② 전원스위치 확인 및 교체

[사진 4-21] 테스터 저항 측정 위치

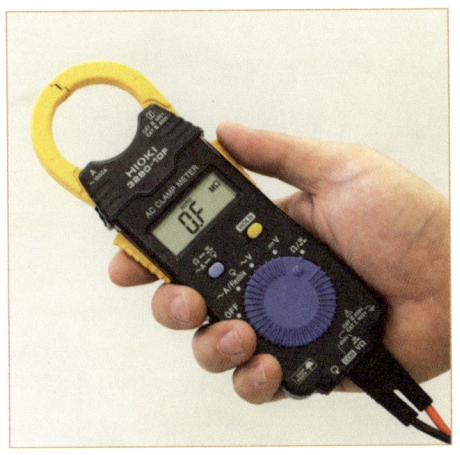

[사진 4-22] 통전스위치를 누름

[사진 4-23] 전원스위치

[사진 4-24] 스위치 불량 교체

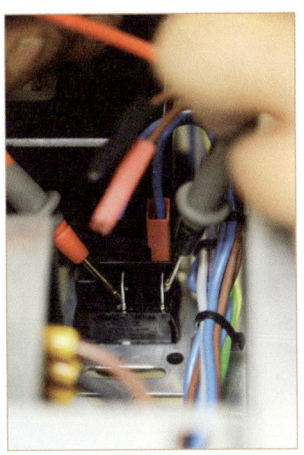

양쪽에 테스터를 대고 전원스위치 ON/OFF 반대쪽도 같은 방법으로 소리가 나지 않을 경우 스위치 불량으로 교체한다.

모든 테스터(tester)에는 전류가 서로 통하는 경우에 소리가 나는 기능이 있는데 이를 활용하여 스위치의 고장 유무를 판단할 수 있다. 사용방법은 테스터를 저항 측정 위치에 놓고 통전스위치를 누르면 된다.

(2) 추출 이상

메인 급수를 잠그고 진행한다. 머신이 뜨거울 경우에는 메인 급수를 잠그더라도 화상을 입을 위험이 있으므로 머신이 완전히 식은 후에 진행하는 것이 좋다.
버튼은 눌리지만 커피 추출수가 나오지 않아 밸브를 교체해야 하는 경우에는 머신의 상판이나 전면 판을 열어 커피밸브에 접근한 다음, 커피 밸브의 코일 부분을 먼저 제거한다.

[사진 4-25] 커피밸브 장착 모습

[사진 4-26] 커피밸브 코일만 제거된 모습

[사진 4-27] 커피밸브 코일 가운데 드라이버 등으로 작동 상태 확인

버튼을 눌러 코일이 전자적으로 작동되는지 확인(테스터기를 사용하지 않고 전기 공급 유무 확인 가능)하고 밸브를 고정시켜 주는 나사들을 풀고 신품으로 교체

[사진 4-28] 나사 제거　　　　　　　　[사진 4-29] 커피 밸브 신품 교체

교체 시 밸브와 몸체가 닿는 부분을 깨끗이 청소해야 하며, 조립 완료 후 급수를 열고 작동 유무를 확인한다.

(3) 압력 발생 이상

압력 발생 이상은 대부분 펌프헤드 불량으로 발생한다. 먼저 머신의 판넬 등을 제거하고 펌프헤드와 펌프모터를 분리, 펌프헤드 뒤쪽의 모터와 연결되는 부위(일자 드라이버처럼 생긴 부분)을 손으로 돌려 본다. 심하게 뻑뻑하거나 돌아가질 않을 경우 펌프헤드 이상이며 손으로 잘 돌아갈 경우에는 분리된 상태에서 추출 버튼을 눌러 본다.

모터가 힘없이 돌아갈 경우 콘덴서 불량일 가능성이 크며 아예 돌지 않을 경우 관련 휴즈(휴즈가 없는 머신이 대부분)나 모터 자체 불량일 가능성이 크다.

[사진 4-30] 펌프헤드와 펌프모터 분리   [사진 4-31] 펌프헤드의 연결부

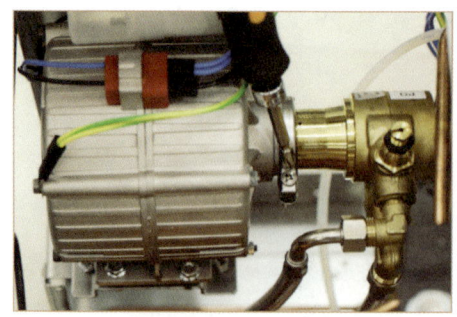

[사진 4-32] 펌프모터와 콘덴서

대부분 펌프헤드의 문제일 경우가 많다.

[사진 4-33] 헤드 교체

[사진 4-34] 재조립

[사진 4-35] 펌프헤드의 표시   [사진 4-36] 압력 발생 유무 확인

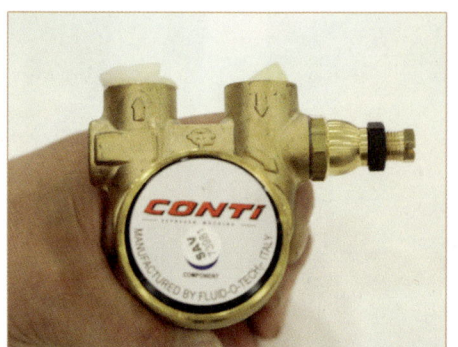 

펌프헤드 교체 시 물이 들어가고 나오는 곳의 표시를 확인해야 한다.   교체 후 추출 버튼을 눌러 압력 발생 유무를 확인한다.

(4) 수량 이상(물을 잠그고 머신을 완전히 식힌 후 진행)

물의 양이 잘 맞지 않을 경우는 대부분 플로우카운터(flowcounter) 이상이 원인인 경우가 많다.

[사진 4-37] 플로우카운터   [사진 4-38] 분해도

 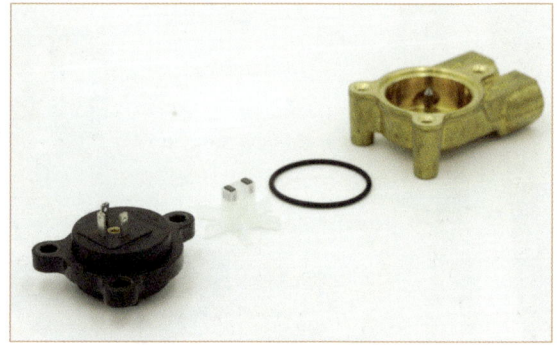

플로우카운터 교체 시 급수가 열려 있다면 상당한 압력으로 플로우카운터 인입부로 물이 쏟아져 나올 수 있으므로 반드시 메인 급수를 완전히 잠가야 하며, 머신이 완전히 식지 않았을 경우에도 뜨거운 물이 역류하여 화상을 입을 수 있으니 주의해야 한다.

플로우카운터는 상부와 임펠러 부분에 문제가 생기는데 하부는 머신 본체에 고정되어 있어 위의 두 부분만 교체하는 경우가 많다. 다만 주의할 점은 인입부와 출수부가 막히지 않았는지 반드시 확인해야 하며 임펠러 장착 후 손으로 돌렸을 때 걸리는 부분 없이 자연스럽게 돌아가는지 여부도 확인하여야 한다. 만약 원활히 돌아가지 않는다면 하부 부분까지 교체해야 한다.

상부를 타사 제품으로 교체하는 경우도 있는데 그때 상부의 '+'-'0' 단자가 뒤바뀌지 않았는지 주의해야 하며 차후 문제가 발생했을 때 이 부분이 뒤바뀌었다면 원인을 찾는 데 많은 시간을 소모할 수 있으므로 가급적이면 정품으로 교체한다.

[사진 4-39] '+' '-' '0' 단자

■ 예시 상황

※ 수리 전 견적 작성

QUOTATION

ATTN :	커피는	귀 하	
TEL :			
FAX :			
FROM :	김××(010-△△△△-××××)		○○시 ○○구 ○○로 ××
커피는 여기 마포		귀 하	대표전화 (0××) △△△-××××
			FAX (0××) △△△-××××
20××년 ××월 ××일			대표이사 홍 길 동

합계금 : 352,000 (VAT포함)

Item No	품 명	수량	공급가	부가세	합계
	X-ONE				
1	출장비	1	40,000	4,000	44,000
2	커피밸브	2	260,000	26,000	286,000
3	공임	1	20,000	2,000	22,000
					-
					-
	합 계				352,000

비고

위 내용은 여러 정황상 실제 수리 시 매장에서 작성하기는 어렵기 때문에 보통 구두로 금액을 주고받을 수밖에 없다. 또한 견적 상황과 실제 수리 상황은 다를 수 있다는 점을 반드시 고지하여야 한다.

※ 매장과 협의가 이루어진 상태에서 실제 수리 진행
※ 수리 완료 후 거래명세표 작성 예시

거래명세표는 머신 수리 후 작성하는데, 머신의 작동 상태와 수리 내용을 매장에 알리고 필요 내용을 기재한 후 매장 담당자의 이름과 서명을 받아야 하며 매장에 알려야 하는 내용을 추가적으로 기입하는 것이 좋다. 예를 들어 현재 상태가 좋지 않은 부품이나 고장 가능성 등을 기입하여야 차후 발생할 분쟁 요소를 줄일 수 있다.

5장

커피머신관리사
이해도 테스트

1. 에스프레소 머신 운용
2. 에스프레소 그라인더 운용
3. 보조 머신 운용
4. 커피머신 수리

1 에스프레소 머신 운용

01. 이 부품은 커피를 추출하기 위해 압력을 발생시키는 사람의 심장과 같다. 바리스타로서 기본적인 능력인 압력 조절을 해야 할 경우 접근할 수 있어야 하는 이 부품의 명칭은?
   ① 히터　　　　　　　　　　② 펌프헤드
   ③ 무접점릴레이(ssr)　　　　 ④ 보일러

02. 다음 중 일반적으로 양방향 밸브(2way valve)가 <u>아닌</u> 것은?
   ① 급수밸브　　　　　　　　② 전자식 온수밸브
   ③ 커피추출밸브　　　　　　④ 냉수믹싱밸브

03. 스팀보일러 온도 및 압력을 제어하는 부품으로 보일러 압력 정도에 따라 아날로그 방식으로 히터에 공급되는 전원을 연결 혹은 차단시키는 부품은?

   ①　　　　　　　②

   ③　　　　　　　④

04. 에스프레소 머신은 수량 설정으로 추출 버튼을 한 번 누름으로써 적정한 양의 커피를 추출할 수 있다. 다음 중 이를 가능하게 하는 부품은?

① 펌프모터

② 수위센서

③ 안전스위치

④ 플로우카운터(flowcounter)

05. 커피 청소용 세제를 이용하여 세척할 때 세제가 관여하지 <u>않는</u> 부분은?

① 샤워스크린

② 디퓨저

③ 커피밸브

④ 펌프헤드

06. 다음은 커피머신 발전 과정에 관한 설명이다. (   )에 들어갈 내용으로 알맞은 것은?

> 1948년 (   )는 기존 증기압 커피머신을 개조해 피스톤 원리를 응용한 레버 방식을 적용하여 적당한 온도와 높은 압력을 가할 수 있도록 고안하였다.

① 루이지 베제라(Luigi Bezzera)

② 데지데리오 파보니(Desiderio Pavoni)

③ 프란체스코 일리(Francesco Illy)

④ 아킬레 가찌아(Giovanni Achille Gaggia)

07. 다음 중 커피머신 보일러 형태에 따른 분류로 맞는 것은?
   ① 관통형 – 간접가열 방식의 대표적인 보일러 방법으로 커피보일러는 메인보일러 내부를 관통하고 있다.
   ② 그룹개별형 보일러 – 커피보일러의 파이프나 통이 메인 보일러에 삽입되어 있다.
   ③ 삽입형 – 직접가열 커피보일러가 있고 커피보일러에 채워지는 물을 스팀보일러를 통과하여 공급하는 방식이다.
   ④ 혼용형 – 커피보일러가 메인보일러와 별개로 떨어져 있어 별도의 히터가 장착되어 있다.

08. 다음 형태의 커피보일러 작동 방식은 무엇인가?

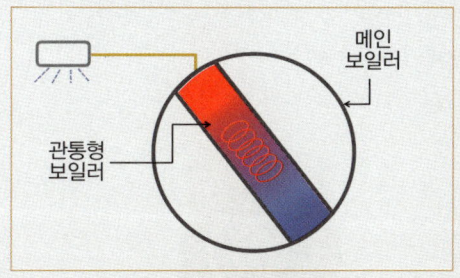

   ① 간접가열 방식   ② 직접가열 방식
   ③ 온도보전 방식   ④ 혼용 방식

09. 다음 펌프헤드에 대한 설명 중 틀린 것은?
   ① 펌프헤드의 커피 추출 압력은 4-6bar 사이에 맞춘다.
   ② 정수기를 통과한 물은 펌프헤드를 통과한다.
   ③ 커피 추출 시 압력을 상승시켜 추출 압력을 유지시켜 주는 역할을 한다.
   ④ 단독으로 사용하지 않고 모터와 함께 설치한다.

10. 다음은 커피머신의 어느 부품에 해당하는가?

① 히팅코일　　　　　　② 온도센서
③ 과열방지기　　　　　④ 압력안전밸브

11. 다음은 커피머신의 어느 부품에 해당하는가?

① 플로우미터　　　　　② 임펠라
③ 2way 밸브　　　　　④ 스팀파이프

12. 다음 중 (   )에 해당하는 커피머신 부품은 무엇인가?

> (   )는 커피 추출량을 조절해주는 부품으로, 물의 흐름을 감지하여 조절하는 역할을 한다.

① 열교환기 ② 가스켓
③ 플로우미터 ④ 수위조절기

13. 다음 중 가스켓에 대한 설명으로 틀린 것은?
① 그룹헤드와 포터필터 사이에 추출수가 새지 않도록 잡아주는 패킹이다.
② 오래되면 딱딱하게 굳어 분해할 때 부서질 수 있다.
③ 가스켓 교체 후에도 포터필터가 많이 돌아간다면 페이퍼 가스켓을 사용할 수 있다.
④ 가스켓은 고무로만 만들어진다.

14. 다음 사진에 해당하는 커피머신 부품의 명칭은 무엇인가?

① 로터리 펌프
② 바이브레이션 펌프
③ 플로우카운터
④ 기동콘덴서

15. 다음 중 그룹헤드 추출수의 흐름과 속도를 제어하는 부품은 무엇인가?
    ① PID
    ② 인젝터 파이프
    ③ 가스켓
    ④ 지클러

16. 다음 사진에 해당하는 커피머신 부품에 대한 설명으로 바른 것은?

    ① 냉수의 양을 조절할 수 있는 나사가 달려있다.
    ② 보일러가 식었다가 다시 가열될 때 내부의 공기를 외부로 배출한다.
    ③ 추출이 종료되면 포터필터에 걸려 있는 압력으로 잔여물을 배출한다.
    ④ 추출 시 보일러에 물을 공급할 때 내부에 과도한 압력이 걸리는 것을 방지한다.

17. 다음은 스팀보일러에 대한 설명이다. (   )에 들어갈 내용으로 맞는 것은?

> 스팀보일러의 내부 압력은 (   )이며 물은 (   ) 정도 채워져 있고 나머지 빈 공간은 스팀으로 채워져 우유 스티밍에 사용된다.

    ① 1~1.5bar, 30%
    ② 1~1.5bar, 70%
    ③ 8~10bar, 30%
    ④ 8~10bar, 70%

18. 커피머신 부품 중 수위센서(Probe sensor)에 이상이 생겼을 때 발생할 수 있는 문제점으로 바른 것은?
    ① 추출 압력이 낮아진다.
    ② 스팀에 물이 섞여 나온다.
    ③ 온수를 틀면 스팀이 같이 나온다.
    ④ 양쪽 그룹헤드의 추출이 차이가 난다.

19. 커피머신의 부품과 그 역할로 바르게 연결된 것은?
    ① 플로우카운터(Flow counter) - 커피 커피머신 내부의 물 공급을 유입, 차단한다.
    ② 솔레노이드 밸브(Solenoid valve) - 보일러 내부에 차 있는 공기를 빼내고, 스팀으로 채운다.
    ③ 릴리프 밸브(Relief valve) - 보일러에 차 있는 과도한 스팀을 배출해 압력을 떨어뜨린다.
    ④ 히팅코일(Heating coil) - 보일러 내의 수위를 감지한다.

20. 커피머신의 청소 방법으로 가장 거리가 먼 것은?
    ① 포터필터는 철 수세미를 이용하여 세척한다.
    ② 그룹헤드 청소 시 1종 세정제를 이용하여 세척한다.
    ③ 스팀노즐을 뜨거운 물에 담가둔다.
    ④ 블라인드 필터나 청소용 바스켓을 이용하여 그룹헤드를 청소한다.

21. 커피 추출 시 그룹헤드와 포터필터의 연결부에서 누수가 발생한다면 어떤 부품을 교체해야 하는가?
    ① 샤워스크린
    ② 제트 브레이커
    ③ 스파웃
    ④ 홀더 가스켓

22. 다음 중 간접가열 방식에 대한 설명으로 맞는 것은?
    ① 스팀과 온수의 사용으로 메인보일러의 온도가 하강하면서 추출수 온도를 변화시킬 수 있는 단점이 있다.
    ② 메인보일러의 온도에 따라 커피 추출수 온도에 변화가 일어날 수 있으며, 바리스타의 숙련도나 습관에 따라 맛의 편차가 커질 수 있다.
    ③ 메인보일러와 커피보일러가 독립적으로 따로 떨어져 있는 형태이다.
    ④ 별도의 히팅코일이 장착되어야 하므로 커피머신의 부피가 커질 수 있고 가격이 비싸다.

23. 다음 중 스팀보일러에 관한 설명으로 틀린 것은?
    ① 안전스위치는 약 100℃ 정도에서 작동한다. 그보다 더 높은 온도로 올라갈 경우 전기를 차단시켜 히팅을 중단시킨다.
    ② 스팀보일러 내부는 약 60-70% 정도는 물로 채워지며, 나머지 빈 공간은 스팀으로 채워진다.
    ③ 대부분의 보일러는 구리합금 재질로 되어 있고 일부 고가의 커피머신은 스테인리스스틸 재질로 되어 있다.
    ④ 스팀보일러는 118-124℃ 정도의 온도로 유지되며 이를 압력으로 환산하면 약 0.86-1.43bar 정도이다.

24. 다음은 커피머신의 우측 분리 모습이다. 해당 부품의 명칭으로 짝지어진 것은?

① 펌프모터, 펌프헤드
② 안전밸브, 수위센서
③ 기동콘덴서, 진공밸브
④ 메인보드, SSR

25. 다음 커피머신 부품에 해당하는 명칭은 무엇인가?

① 압력안전밸브　　　　② 로우센서
③ 안전스위치　　　　　④ 과열방지기

26. 다음 중 진공밸브의 역할을 바르게 설명한 것은?
    ① 수위 조절을 위한 부품으로 보일러 표면에 붙어 있는 접지선과 전기 신호를 주고받아 수위를 감지한다.
    ② 보일러가 식었다가 다시 가열될 때 내부의 공기를 외부로 배출하고 일정 온도 이상이 되면 배출을 막아 공간을 스팀 압력으로 채워 준다.
    ③ 스팀보일러 상부에 위치하여 하단의 뜨거운 물이 함께 배출되지 않도록 한다.
    ④ 저장된 추출 수량을 계산해주는 부품으로 하부 바디 부분과 임펠러, 오링, 상부 카운터 계산부로 나뉜다.

27. 다음 중 그룹헤드 추출수의 흐름을 제어하는 부품이 아닌 것은?
    ① 지글러
    ② 스프레이 노즐
    ③ 홀디스크
    ④ 과열방지기

28. 다음 중 포터필터의 구성품으로 맞지 않은 것은?
    ① 바스켓
    ② 스파웃
    ③ 바스켓 스프링
    ④ 디퓨저

29. 다음 중 커피머신 청소 시 반드시 필요한 물품이 아닌 것은?
    ① 블라인드 필터 바스켓
    ② 포터필터
    ③ 청소 세정제
    ④ 페이퍼 가스켓

30. 그룹헤드에 포터필터가 잘 끼워지지 않는 원인이 아닌 것은?
    ① 포터필터에 원두를 너무 많이 담아 탬핑하였을 때
    ② 기존 원두 사용량보다 작은 용량의 포터필터 바스켓으로 교체했을 때
    ③ 가스켓을 기존보다 두꺼운 것으로 교체했을 때
    ④ 포터필터 바스켓의 용량보다 적은 원두를 담았을 때

31. 다음 중 반자동 커피머신과 관련 없는 부품은?
    ① 플로우카운터   ② 커피밸브
    ③ 보일러   ④ 펌프

32. 다음 중 포터필터 바스켓이 자주 빠지는 원인을 고르시오.
    ① 포터필터 스프링의 마모로 인해
    ② 포터필터 날개 마모로 인해
    ③ 그룹헤드의 가스켓의 교체 시기가 지남으로 인해
    ④ 포터필터 스파웃의 마모로 인해

33. 다음 중 그룹헤드 지클러의 역할은?
    ① 물의 이물질을 걸러준다.
    ② 물의 유속과 유량을 제어한다.
    ③ 물의 흐름을 차단한다.
    ④ 물의 압력을 높여준다.

34. 다음 중 샤워스크린의 역할은 무엇인가?

　① 포터필터에 담긴 커피를 고르게 펴준다.

　② 탬핑을 하지 않아도 된다.

　③ 커피에 물이 고르게 분배되도록 한다.

　④ 물의 이물질을 걸러준다.

35. 플로우카운터의 분해 순서를 맞게 나열한 것은?

> A. 추출 버튼을 눌러 에스프레소 커피머신에 남아 있는 압력을 제거한다.
> B. 커피머신의 메인 전원을 끄고 머신을 충분히 식힌다.
> C. 외부로부터 들어오는 메인급수를 차단한다.
> D. 플로우카운터를 분해한다.
> E. 고장 증상을 파악한 후 수리한다.

　① A-C-D-B-E

　② C-A-B-D-E

　③ B-C-A-D-E

　④ C-B-A-D-E

36. 커피 추출 시 추출 압력이 9Bar보다 높거나 낮을 때 압력 조정은 어느 부품에서 이루어지는가?

　① 플로우카운터

　② 펌프헤드

　③ 커피밸브

　④ 보일러

37. 그라인더가 내장되어 있어 별도의 탬핑 작업 없이 메뉴 버튼의 작동만으로 추출하는 커피머신은?
   ① 수동 머신
   ② 반자동 머신
   ③ 자동 머신
   ④ 완전자동 머신

38. 커피머신의 분류에서 보일러의 형태에 따른 분류가 아닌 것은?
   ① 관통형
   ② 반자동
   ③ 그룹일체형
   ④ 삽입형

39. 일반적인 반자동 커피머신의 추출 압력을 조절하려고 한다. 그 방법으로 옳은 것은?
   ① 포터필터를 장착하지 않고 물로만 추출하여 조절할 경우 원하는 압력보다 약간 높게 설정한다.
   ② 블라인드 바스켓(청소용 바스켓)을 이용하여 조절할 경우 원하는 압력보다 약간 낮게 설정한다.
   ③ 평상시와 같이 커피를 담고 탬핑 후 설정하는 것이 가장 확실한 방법이다.
   ④ 펌프의 압력 조절은 물리적 방법으로 실행할 수 없다.

40. 스팀보일러의 물과 스팀의 비율은 대략 어느 정도인가?
   ① 10:90
   ② 20:80
   ③ 70:30
   ④ 100:0

41. 스팀 압력(온도) 조절 방법에는 프로그램에서의 조절 혹은 물리적 방법으로 조절하는 압력스위치 타입이 있다. 다음 중 일반적으로 압력스위치로 스팀 압력을 높이는 방법으로 올바른 것은?

① 압력조절 나사를 당겨준다.
② 압력조절 나사를 약간 눌러준다.
③ 압력조절 나사를 시계반대 방향(+방향)으로 돌려준다.
④ 압력조절 나사를 시계 방향(-방향)으로 돌려준다.

42. 다음 중 포터필터의 구성 부분이 아닌 것은?

① 바스켓 스프링　　　② 스파웃
③ 바스켓　　　　　　④ 샤워스크린

43. 간접가열 방식의 반자동 커피머신에서 온수 사용을 권장하지 않는 이유로 가장 올바른 것은?

① 속도가 너무 느려 메뉴를 만드는 시간이 오래 걸린다.
② 추출 압력이 낮아진다.
③ 연속적인 온수 사용은 스팀보일러 내부의 온도를 떨어뜨려 커피 추출수의 온도에도 영향을 미친다.
④ 스팀보일러 내부의 압력이 높아져 안전상의 문제를 일으킬 수 있기 때문이다.

44. 사람의 힘으로 피스톤을 작동하여 추출하는 방식의 커피머신 종류로 맞는 것은?

① 반자동 머신　　　② 자동 머신
③ 수동 머신　　　　④ 완전자동 머신

45. 4.5Kw/H의 커피머신 설치 환경과 과정 중 가장 올바른 것은?
    ① 일반 플러그로 가정용 콘센트에 연결하여 설치할 수 있다.
    ② 수도(급수) 압력은 높으면 높을수록 좋다.
    ③ 배수는 가급적 커피머신의 아래쪽에 가까울수록 좋다.
    ④ 커피머신이 뜨거우므로 야외에서도 사시사철 설치하여 사용할 수 있다.

46. 커피머신 부품 교체 시 사전 작업으로 올바르지 않은 것은?
    ① 커피머신의 전원 차단(차단기를 내린다.)
    ② 수도라인을 잠근다.
    ③ 숙련도에 따라 사전 작업은 없어도 된다.
    ④ 커피머신을 식힌다.

47. (   )에 들어갈 단어로 올바른 것은?

> 1950년대에 사용하던 레버 방식 커피머신은 높은 온도에서 추출이 이루어져 크레마와 향이 빨리 사라진다는 문제점이 있었다. 이를 보안해서 개발된 커피머신이 증기압 대신 (   )을 이용하여 추출하는 방식으로, 커피머신이 현대화된 시기와 맞물려 (   )식 커피머신이 탄생하게 되었다.

① 수압　　　　　　　　　② 전자동
③ 반자동　　　　　　　　④ 스팀

48. 별도의 그라인더로 원두를 분쇄한 후 탬핑을 하여 추출을 하나, 메모리칩이 장착되어 있어 수량을 자동으로 세팅할 수 있는 방식의 커피머신 종류로 맞는 것은?
   ① 반자동 머신
   ② 자동 머신
   ③ 수동 머신
   ④ 완전자동 머신

49. 다음 중 커피머신의 종류로 맞지 않는 것은?
   ① 수동 머신
   ② 하이브리드 머신
   ③ 반자동 머신
   ④ 완전자동 머신

50. 보일러가 가열되면서 내부 온도가 상승하고 내부의 공기를 외부로 배출하게 되는데, 100℃ 정도의 온도가 되면 구멍을 막아 스팀의 외부 유출을 차단시키고 내부의 스팀 압력을 쌓는 작동 원리를 가진 부품은?
   ① 진공밸브
   ② 수위센서
   ③ 히팅코일
   ④ 압력스위치

51. 일반적으로 업소용 반자동 커피머신에 있는 부품으로 맞지 않는 것은?
   ① 콘덴서
   ② 과열방지기
   ③ 릴리프밸브
   ④ 바이브레이션 펌프

52. 에스프레소 그라인더의 분류 형태에 맞지 않는 것은?
   ① 수동형
   ② 버튼식 자동형
   ③ 온디맨드 자동형
   ④ 다이얼 반자동형

53. 다음은 커피머신의 발전 과정에 관한 내용이다. 이 중 사실과 다른 것은?
   ① 1901년 이탈리아 밀라노에서 루이지 베제라(Luigi Bezzera)에 의해 증기압을 이용한 머신이 개발되었다.
   ② 1905년 데지데리오 파보니(Desiderio Pavoni)가 커피머신을 개발하여 이탈리아 카페를 중심으로 라파보니(La Pavoni) 머신이 보급되기 시작하였다.
   ③ 1935년 프란체스코 일리(Francesco Illy)가 개발한 압축된 수압을 이용하여 추출물 온도를 낮추어 쓴맛을 줄일 수 있는 머신이 개발되었다.
   ④ 1948년 아킬레 가찌아(Giovanni Achille Gaggia)는 기존 증기압 머신을 개조해 피스톤 원리를 응용한 레버 방식을 적용한 머신을 개발하였다.

54. 다음 중 에스프레소 머신의 종류에 대한 설명으로 맞는 것은?
   ① 수동식 머신은 사람의 힘으로 피스톤을 작동하여 추출하는 방식이다.
   ② 반자동 머신은 버튼식과 패들식으로 나뉘며 보일러는 단일형으로만 되어 있다.
   ③ 자동 머신은 추출 버튼이 온오프(On-Off)로만 되어 있다.
   ④ 완전 자동머신은 그라인더가 내장되어 있으나 반드시 탬핑 작업이 필요하다.

55. 다음 커피보일러 형태 중 간접가열 방식에 대한 설명으로 틀린 것은?
   ① 스팀 온도에 영향을 받지 않고 추출수 온도를 일정하게 유지할 수 있다.
   ② 관통형은 간접가열 방식의 대표적인 보일러 방법으로 보일러는 메인(스팀, 온수)보일러 내부를 관통하고 있다.
   ③ 추출수를 독자적으로 가열하지 않고 보일러의 열을 이용하여 온도를 올리는 방법이다.
   ④ 삽입형의 커피보일러는 그룹헤드와 직접 닿아 있는 경우가 많다.

56. 다음 중 간접가열 방식 커피머신의 추출 흐름으로 맞는 것은?

① 정수기 → 펌프 → 유량계 → 솔레노이드 밸브 → 열교환기 → 그룹헤드 스크린 → 추출
② 정수기 → 유량계 → 펌프 → 보일러 → 솔레노이드 밸브 → 그룹헤드 스크린 → 추출
③ 정수기 → 유량계 → 펌프 → 솔레노이드 밸브 → 보일러 → 그룹헤드 스크린 → 추출
④ 정수기 → 펌프 → 유량계 → 열교환기 → 솔레노이드 밸브 → 그룹헤드 스크린 → 추출

57. 다음은 직접가열 방식의 커피머신에 대한 설명이다. (   )에 들어갈 차례로 맞는 것은?

직접가열 방식은 메인 보일러와 커피보일러가 (   )으로 되어 있는 형태이다. 크게 두 가지로 나눌 수 있는데 두 형태 모두 (   )의 온도에 영향을 받지 않고 추출수 온도를 일정하게 유지할 수 있다는 장점이 있다. 그러나 별도의 (   )이 (가) 장착되어야 하므로 부피가 커질 수 있고 가격이 비싸다.

① 독립적, 스팀, 히팅코일
② 비독립적, 스팀, 히팅코일
③ 독립적, 스팀, 게이지
④ 비독립적, 스팀, 게이지

58. 다음 중 빈칸에 들어갈 부품의 명칭은 무엇인가?

① 그룹헤드　　　　　　　　② 스팀레버
③ 스팀게이지　　　　　　　④ 샤워홀더

59. 다음 중 펌프에 대한 설명으로 틀린 것은?
① 펌프 압력은 수압 게이지에 나타나는 추출 압력의 수치를 표시하지만 실제 추출에서 작용하는 수압은 게이지의 압력보다 낮다.
② 로터리 펌프는 상업용 머신에서 주로 볼 수 있다.
③ 커피머신의 펌프는 로터리, 바이브레이션, 기어 펌프로 나뉜다.
④ 바이브레이션 펌프는 연속 추출에도 무리가 없다.

60. 다음 중 커피머신을 약품으로 청소할 때 청소가 되지 않는 부분은 어디인가?
① 수위센서　　　　　　　　② 3way 밸브
③ 샤워스크린　　　　　　　④ 그룹헤드

61. 다음 중 로터리 펌프에 대한 설명으로 <u>틀린</u> 것은?
   ① 압력이 낮아졌다 높아지는 데 걸리는 시간이 길다.
   ② 균일한 압력을 유지할 수 있다.
   ③ 추출 압력 조절이 쉽다.
   ④ 수압 없이도 압력을 상승시킬 수 있다.

62. 다음 중 솔레노이드밸브에 대한 설명으로 <u>틀린</u> 것은?
   ① 전기에너지를 자기에너지로 바꿔주는 변환 장치의 원리로 작동한다.
   ② 보일러 급수 및 온수 유출을 위해 사용되는 부품이다.
   ③ 고장 시 온수의 온도가 떨어질 수 있다.
   ④ 종류로는 2way와 4way가 있다.

63. 다음 중 보일러 내 보충수 유입 흐름으로 <u>틀린</u> 것은?
   ① 스팀이나 온수의 사용으로 최고수위와 센서 사이가 떨어진다.
   ② 센서가 최저수위를 감지하면 검출 신호를 수위조절기로 보낸다.
   ③ 수위조절기는 조작신호를 압력안전밸브에 보낸다.
   ④ 펌프를 작동시켜 보일러 내에 보충수를 유입한다.

64. 다음 중 수위센서의 고장 원인으로 맞는 것은?
   ① 스프링의 동작 상태가 불량하다.
   ② 압력조절기의 압력 조절이 불량하다.
   ③ 스팀 압력계의 바늘이 빠져 있다.
   ④ 스케일 등이 묻어 있다.

65. 다음 중 플로우카운터(유량계)에 대한 설명으로 틀린 것은?
    ① 메인보드에 저장된 추출 수량을 측정하는 부품이다.
    ② 플로우카운터는 머신에 하나씩 장착되어 있다.
    ③ 하부 바디 부분과 임펠러, 오링, 상부카운터 계산부로 나뉜다.
    ④ 거의 모든 커피머신의 플로우카운터는 비슷한 형태와 구조로 되어 있다.

66. 다음 설명은 어떤 보일러에 대한 설명인가?

    > 열교환기 상부배관이 그룹헤드를 지난 후 하부배관을 지나 열교환기로 들어가며 그룹헤드를 데워주는 형태이다. 열의 자연순환 방식을 이용한 방식이라 할 수 있다.

    ① 삽입형 보일러　　　　② 관통형 보일러
    ③ 순환형 보일러　　　　④ 밀착형 보일러

67. 다음 중 커피추출밸브(3way밸브)의 고장 원인으로 틀린 것은?
    ① 보일러 보충수 유입이 안 되었을 때
    ② 밸브에 커피 찌꺼기 등 이물질이 끼었을 때
    ③ 스케일, 부식 등으로 인해 코일에 이상이 있을 때
    ④ 전원단자가 빠져 있을 때

68. 다음 중 가스켓으로 사용되는 종류로 틀린 것은?
    ① 고무　　　　　　　　② 종이
    ③ 실리콘　　　　　　　④ 스테인레스

69. 다음 중 커피머신을 설치할 때, 고려해야 하는 사항으로 틀린 것은?
   ① 바리스타의 움직임을 최소화할 수 있도록 하여야 한다.
   ② 모든 반자동 커피머신은 일반 콘센트플러그를 사용하므로 콘센트와 가까운 위치에 설치한다.
   ③ 자연스럽게 배수될 수 있도록 머신 위치 아래에 구멍을 뚫어 배수의 흐름이 원활히 이루어지게 한다.
   ④ 머신 전용 정수필터를 설치하여야 한다.

70. 다음은 가스켓 교체 방법에 대한 설명이다. 순서대로 나열된 것은 무엇인가?

   ⓐ 샤워스크린을 분해한다.
   ⓑ 그룹가스켓을 분해하고 청소솔을 이용해 깨끗이 닦는다.
   ⓒ 송곳으로 그룹가스켓의 중앙을 찔러 그룹헤드에서 분리한다.
   ⓓ 샤워스크린과 그룹 안쪽을 청소하고 다시 조립한다.
   ⓔ 새 그룹가스켓을 그룹헤드에 끼우기 전 필요한 경우 식용 구리스를 바르기도 한다.
   ⓕ 포터필터를 그룹헤드에 장착하고 양옆으로 돌려가며 자리를 잡아준다.
   ⓖ 커피머신의 전원을 끈다.
   ⓗ 마른 천으로 닦은 후 추출 테스트를 한다.

   ① ⓐ > ⓑ > ⓒ > ⓖ > ⓓ > ⓔ > ⓕ > ⓗ
   ② ⓐ > ⓑ > ⓔ > ⓖ > ⓕ > ⓒ > ⓓ > ⓗ
   ③ ⓖ > ⓐ > ⓒ > ⓑ > ⓔ > ⓕ > ⓓ > ⓗ
   ④ ⓖ > ⓐ > ⓔ > ⓓ > ⓒ > ⓕ > ⓑ > ⓗ

71. 다음 커피머신의 전기사양에 맞춘 누전 차단기는 무엇인가?

> - 2그룹
> - 사용전력 4.5kW
> - 사용전압 220V

① 220v, 삼상, 20A   ② 380v, 삼상, 20A
③ 220v, 단상, 30A   ④ 380v, 단상, 30A

72. 다음 중 포터필터 청소에 대한 설명으로 틀린 것은?
   ① 바스켓과 스프링을 분리한 다음 적당한 크기의 그릇에 뜨거운 물로 세정제를 푼다.
   ② 분리한 바스켓과 스프링, 포터필터 헤드 부분을 세정제 용액에 담근다. 가급적 손잡이는 담그지 않도록 한다.
   ③ 30분 이상 충분히 불린 후 철 수세미나 솔을 사용해 구석구석 닦는다.
   ④ 세정제 용액에 담가둘 때 가급적 손잡이는 담그지 않도록 한다.

73. 다음 중 커피머신 보일러에 대한 설명으로 틀린 것은?
   ① 일반적으로 동과 스테인리스스틸을 사용한다.
   ② 동으로 된 보일러는 연장성이 좋고 열전달 속도가 빠르다.
   ③ 스테인리스스틸로 된 보일러는 부식이 적게 발생한다.
   ④ 장시간 물을 보관하고 가열하는 과정에서 생기는 스케일은 제거할 수 없다.

74. 다음 중 혼합형 보일러에 대한 설명으로 틀린 것은?
   ① 추출 시간과 추출량에 따라 온도 편차가 크다.
   ② 간접가열 방식과 직접가열 방식을 혼용하여 사용하는 것이다.
   ③ 스팀보일러에 동관이나 열교환기를 부착하여 여열을 이용한 1차 간접가열 방식을 사용한다.
   ④ 추출 보일러에 온수가 유입되므로 전기히터의 가동 시간을 줄여준다.

75. 다음 중 간접가열 보일러에서 온수의 온도가 떨어지면 나타나는 현상으로 틀린 것은?
   ① 열교환기 온도가 떨어진다.
   ② 크레마 생성이 불안정하게 된다.
   ③ 스팀이 생성되지 않는다.
   ④ 커피 맛이 기준보다 진해진다.

76. 다음은 어떤 커피머신 부품에 대한 설명인가?

   - 동이나 스테인리스스틸 재질로 만들고 주로 동 파이프를 사용한다.
   - 1열, 2열, 3열 등으로 만들어지며 단위는 KW/H로 표시된다.
   - 장기적으로 사용할수록 표면에 스케일이 침착된다.

   ① 3way 솔레노이드 밸브
   ② 전기히터
   ③ 과열방지기
   ④ 플로우미터

77. 다음 중 과열방지기에 대한 설명으로 틀린 것은?

① 안전스위치와 비슷한 기능을 한다.

② 과도하게 온도가 올라갈 경우에 작동되어 전기연결을 끊어준다.

③ 보일러 내 온수의 높이가 낮아지면 히터를 작동시킨다.

④ 보일러 외부에 부착하는 외부 부착형과 내부 온도를 감지하는 열선 감지형 등 2가지 종류로 나뉜다.

정답

01 ②	02 ③	03 ②	04 ④	05 ④	06 ④	07 ①
08 ①	09 ①	10 ①	11 ①	12 ③	13 ④	14 ①
15 ④	16 ②	17 ②	18 ②	19 ③	20 ①	21 ④
22 ①	23 ①	24 ①	25 ④	26 ②	27 ④	28 ④
29 ④	30 ④	31 ①	32 ④	33 ③	34 ④	35 ②
36 ②	37 ④	38 ②	39 ③	40 ③	41 ③	42 ④
43 ③	44 ④	45 ③	46 ③	47 ①	48 ②	49 ②
50 ①	51 ④	52 ④	53 ③	54 ①	55 ①	56 ④
57 ①	58 ①	59 ④	60 ①	61 ①	62 ④	63 ③
64 ④	65 ②	66 ②	67 ①	68 ④	69 ①	70 ③
71 ③	72 ④	73 ④	74 ①	75 ④	76 ②	77 ③

■ 수행평가

능력 단위 요소	수행준거 (교과 내용)	평가 척도 (수행 정도)	
		Pass	Fail
에스프레소 머신 스팀 보일러 온도 변경하기 (현재 온도 → 123℃로)	1. 현재 온도를 확인할 수 있다.		
	2. 에코(Eco) 모드로 진입할 수 있다.		
	3. 프로그램 모드로 변경할 수 있다.		
	4. 프로그램 모드에서 스팀보일러 온도 변경화면을 찾아갈 수 있다.		
	5. 온도를 변경할 수 있다.		
	6. 프로그램 모드에서 빠져나올 수 있다.		
	7. 스팀보일러 온도 변경을 확인할 수 있다. (스팀을 빼거나 대기한다.)		
에스프레소 머신 압력 조정하기(6bar → 9bar)	1. 기본 준비 품목을 알고 준비할 수 있다.		
	2. 상부 판넬을 제거할 수 있다.		
	3. 압력조절 부품 펌프헤드를 알고 있다.		
	4. 검정색 고정 너트를 풀 수 있다.		
	5. 추출 버튼을 눌러 추출을 시작할 수 있다.		
	6. 펌프헤드의 압력조절 나사 방향의 의미를 알고 있다.		
	7. 압력 조절 완료 후 머신을 재조립할 수 있다.		

2 에스프레소 그라인더 운용

01. 아래 그림의 빈칸과 맞게 연결된 것은?

① A - 모터, B - 거치대, C - 도저통
② A - 도저통, B - 칼날, C - 도징판
③ A - 칼날, B - 모터, C - 도징판
④ A - 모터, B - 칼날, C - 도저통

02. 다음 중 그라인더에 대한 설명으로 틀린 것은?
① 칼날의 형태는 플랫형과 코니컬형, 온디맨드형으로 나뉜다.
② 원두를 많이 분쇄하면 칼날의 마모가 심해진다.
③ 분쇄 원두의 온도는 칼날과 모터의 크기, 모터의 분당 회전수에 따라 달라진다.
④ 그라인더마다 분쇄도 조절 방법이 다를 수 있다.

03. 다음 중 플랫형 칼날에 대한 설명으로 틀린 것은?
① 평평한 모양의 칼날 두 개가 맞닿아 있는 형태이다.
② 대부분의 모델이 플랫형 칼날을 사용한다.
③ 두 개의 칼날 중 윗날은 아랫날과의 간격을 조정하여 분쇄도를 맞춘다.
④ 다른 칼날에 비해 열이 쉽게 발생하지 않아 맛에 영향을 끼칠 가능성이 낮다.

04. 다음 중 코니컬형 칼날에 대한 설명으로 틀린 것은?
① 모터와 연결된 원뿔 모양의 날이 회전하면서 원두를 분쇄한다.
② 분쇄도가 균일하지 않아 미분이 생길 수 있다.
③ 원심력에 의해 분쇄된 원두를 바깥으로 밀어낸다.
④ 플랫형에 비해 회전 속도가 느리다.

05. 다음 중 그라인더 칼날을 청소할 때 사용되는 세정제 성분으로 맞는 것은?
① 오븐클리너
② 식용구리스
③ 천연 곡물
④ 천연 오일

06. 다음 그라인더 부품에 대한 설명에 해당하는 부품은 무엇인가?

> 그라인더 앞에 달린 원통형으로, 분쇄된 커피를 담고 있다가 일정량의 커피를 포터필터에 공급하는 역할을 한다.

① 도저　　　　　　　　　② 호퍼
③ 레버　　　　　　　　　④ 탬퍼

07. 다음은 어떤 그라인더 칼날의 형태인가?

① 플랫형　　② 절구형　　③ 코니컬형　　④ 칼날형

08. 다음 중 그라인더 칼날 관리에 대한 설명으로 틀린 것은?
① 라이트 로스팅된 원두는 대체로 밀도가 단단하기 때문에 날이 금방 마모될 수 있다.
② 일반적으로 코니컬형 칼날은 플랫형 칼날보다 수명이 긴 편에 속한다.
③ 기존의 스테인리스 칼날에 세라믹이나 티타늄 코팅을 입혀 내구성을 보완하기도 한다.
④ 커피오일의 흡착을 방지하기 위해 호퍼와 칼날은 중성세제로 세척해주어야 한다.

09. 다음 중 그라인더에 대한 설명으로 가장 거리가 먼 것은?

① 플랫형 칼날은 고속 회전에 적합하다.

② 코니컬형 칼날의 모터 회전수는 500rpm이다.

③ 자동 타입은 자동으로 분쇄도를 조정해준다.

④ 도저통은 수동 타입 그라인더에 존재한다.

10. 다음 중 그라인더 칼날의 재질로 사용하지 않는 것은 무엇인가?

① 티타늄　　　　　　　　② 세라믹

③ 스테인리스　　　　　　④ 니켈크롬

11. 칼날의 마모가 빠르게 일어나는 경우로 가장 올바른 것은?

① 큰 칼날 사용

② 적은 원두 사용량

③ 굵은 분쇄도로 분쇄

④ 라이트 로스팅 된 원두 사용

12. 그라인더 도징 레버를 당긴 후 원위치로 돌아가지 않는다면 어떤 부품을 교체해야 하는가?

① 도징 레버 스프링

② 도저 분할판

③ 입자 조절판

④ 기동 콘덴서

13. 자동 그라인더에 대한 설명으로 바르지 못한 것은?
   ① 분쇄되는 초를 설정할 수 있다.
   ② 제임스 호프만(James Hoffmann)이 처음 소개하였다.
   ③ 버튼을 한 번 눌러 원하는 만큼의 커피를 분쇄할 수 있다.
   ④ 도저통 안의 하부 판넬을 움직여 토출되는 양을 조절할 수 있다.

14. 다음 사진의 칼날에 대한 설명으로 바른 것은?

   ① 균일하지 않은 분쇄도
   ② 많은 마찰열 발생
   ③ 삼각뿔 형태의 칼날
   ④ 500rpm의 모터 회전수

15. 에스프레소 그라인더에 관한 설명으로 옳지 않은 것은?
   ① 커피는 분쇄가 되면서 빠르게 산패가 진행되기 때문에 분쇄하자마자 바로 추출하는 것이 좋은 향을 유지하기 좋다.
   ② 칼날 교체 주기는 원두 사용량, 분쇄도, 로스팅 강도, 칼날의 크기에 따라 달라지며, 통상적으로 100~200kg 사용량으로 교체 주기를 잡는다.
   ③ 그라인더를 연속적으로 사용하면 원두 파쇄 시 그라인더 칼날에 마찰열이 발생하고 모터 자체에서도 열이 발생한다.
   ④ 원두의 입자 굵기, 원두 토출량에 따라서 커피 추출에 영향을 주기도 한다.

16. 에스프레소 그라인더 분쇄도 조절 시 옳지 않은 것은?
   ① 분쇄도를 조절한 후에는 그라인더 도저에 남아 있는 분쇄 원두를 버리고, 그라인더를 작동시켜 토출부 안에 있는 잔여 분쇄 원두도 버린 후 커피를 추출하여 분쇄도를 확인한다.
   ② 모든 그라인더의 분쇄도는 입자조절판을 시계방향으로 돌리면 분쇄도를 가늘게 할 수 있다.
   ③ 입자 조절 폭이 커짐에 따라 원두량의 차이도 커질 수 있기 때문에 원두의 양도 확인해주는 것이 좋다.
   ④ 분쇄도를 조절한 경우에는 커피를 2~3회 반복적으로 추출하여 분쇄도가 적절한지를 확인한다.

17. 그라인더는 크게 자동 그라인더와 수동 그라인더로 나뉜다. 다음 중 자동 그라인더를 구성하는 구성품이 아닌 것은?
   ① 입자조절판
   ② 칼날
   ③ 모터
   ④ 도저통

18. 에스프레소 그라인더의 일반적인 설명이 아닌 것은?
   ① 일반적으로 플랫형 칼날과 코니컬형 칼날로 나뉜다.
   ② 칼날 사이의 간격 조절을 통해 입자를 조절한다.
   ③ 칼날은 고정부와 회전부로 나뉜다.
   ④ 안전을 위해 압력안전밸브가 장착되어 있다.

19. 다음 그라인더 부품에 해당하는 것은 무엇인가?

> 커피 그라인딩 시 연속해서 분쇄할 때 모터에서 발생하는 열과 원두와 칼날 사이에서 발생하는 마찰열로 인하여 온도가 올라간다. 온도가 지속적으로 올라가면 커피 추출과 커피 맛에 영향을 미치기 때문에 온도를 제어하기 위해서 이것이 달려 있다.

① 조절 나사　　　　　　② 기동콘덴서
③ 도저 레버　　　　　　④ 쿨링팬

20. 그라인더 칼날 중 다른 칼날에 비해 상대적으로 저속 회전에 적합하여 커피 성분 손실이 적고 삼각뿔 형태를 띤 것은?

① 코니컬 칼날　　　　　② 플랫 칼날
③ 고스트 칼날　　　　　④ 트라이앵글 칼날

21. 다음 중 그라인더 분쇄도 조절의 예로 맞지 <u>않는</u> 것은?

① 에스프레소 추출 시간이 너무 빨라 분쇄도를 더 가늘게 돌렸다.
② 분쇄된 원두 입자가 커서 추출 시간이 빠르다.
③ 원두를 많이 분쇄하면 칼날의 마모가 심해져 분쇄도를 더 크게 돌렸다.
④ 분쇄된 원두 입자가 크면 탬핑의 강도를 강하게 하여 추출 시간을 늘릴 수 있다.

22. 에스프레소 그라인더의 구조 중 알맞지 <u>않는</u> 것은?

① 포터필터　　　　　　② 입자조절판
③ 포터필터 거치대　　　④ 모터

23. 모터를 돌리기 위해서는 초기에 더 많은 힘이 필요하다. 특히 그라인더처럼 원두가 칼날 사이에 들어 있는 상태에서는 더욱 그러하다. 다음 중 이를 가능하게 하는 부품은?
   ① 입자조절판
   ② 기동콘덴서
   ③ 전원스위치
   ④ 호퍼

24. 다음 중 일반적인 그라인더에 관한 설명으로 맞지 않는 것은?
   ① 입자 조절은 칼날 사이의 간격 조정으로 가능하다.
   ② 입자 조절을 완벽하게 했을 경우 원두를 변경해도 입자 조절을 바꾸지 않고 사용할 수 있다.
   ③ 일반적으로 에스프레소 그라인더는 플랫과 코니컬 형태의 칼날을 사용한다.
   ④ 칼날 교체 주기를 알고 적절한 시기에 교체해야 한다.

정답
01 ③ 02 ① 03 ④ 04 ③ 05 ③ 06 ① 07 ③
08 ④ 09 ③ 10 ④ 11 ④ 12 ① 13 ④ 14 ②
15 ② 16 ② 17 ④ 18 ④ 19 ④ 20 ① 21 ③
22 ① 23 ② 24 ②

■ 수행평가

능력 단위 요소	수행준거 (교과 내용)	평가 척도 (수행 정도)	
		Pass	Fail
칼날 분해 청소	1. 현재의 입자를 알고 표시할 수 있다		
	2. 입자조절판을 분해할 수 있다.		
	3. 칼날을 분해할 수 있다.		
	4. 잔여물을 제거해야 하는 부분을 알고 제거할 수 있다		
	5. 식용그리스를 바르는 부분을 알고 있다.		
	6. 분해의 역순으로 재조립할 수 있다.		
	7. 대략적인 원래의 입자를 맞출 수 있다.		
	8. 미세조정으로 그라인더와 에스프레소 머신을 제대로 사용할 수 있다.		

3 보조 머신 운용

01. 다음 제빙기에 대한 설명 중 <u>틀린</u> 것은?
   ① 고압가스의 열을 식혀주는 방식에 따라 공랭식과 수랭식으로 나뉜다.
   ② 공랭식은 내부 팬의 바람을 통해 열을 식혀주는 방식이다.
   ③ 수랭식은 물로 열을 식히는 방식이라 물의 소비가 많다.
   ④ 공랭식은 공기가 유입되는 부분을 막을수록 좋다.

02. 다음은 블렌더 관리에 대한 설명이다. <u>틀린</u> 것은?
   ① 약 일주일 정도 주기적으로 1회 이상 용기 분리 후 칼날상태를 점검하고 세척한다.
   ② 본체와 용기 부분은 부드러운 스펀지로 닦아야 하고, 수세미등을 사용할 경우 표면에 손상이 있을 수 있다.
   ③ 커플링은 반영구적으로 사용 가능하다.
   ④ 음료 제조 후 세척방법에 따라 용기를 세척 후 사용한다.

03. 다음 중 블렌더에서 자(Jar)라고 불리는 부품은 무엇인가?
   ① 칼날   ② 톱니 기어
   ③ 본체   ④ 용기

04. 공랭식 제빙기 사용 시 얼음이 평상시보다 늦게 얼린다면 그 원인은 무엇인가?
    ① 방열판에 먼지나 이물질이 쌓여 있다.
    ② 냉각수의 유입이 늦다.
    ③ 파이프 안의 물의 온도가 낮다.
    ④ 워터펌프의 회전이 느리다.

05. 제빙기 관리에 대한 설명으로 가장 거리가 먼 것은?
    ① 공랭식의 방열판에 쌓여 있는 먼지를 청소해야 한다.
    ② 제빙기 저장고 청소 시에는 전원을 차단시킨다.
    ③ 철 수세미로 얼음통 내부 세척을 주기적으로 해야한다.
    ④ 수질이 좋지 않은 지역인 경우 스케일 억제용 정수기를 달아 사용한다.

06. 다음은 온수기에 대한 설명이다. 틀린 것은?
    ① 온수기는 온도의 상승과 하강이 빈번하게 일어나므로 스케일 문제가 발생할 수 있다.
    ② 온수기는 개방형과 밀폐형 구조로 나뉜다.
    ③ 온수기의 구조는 급수밸브, 수위센서, 히터 등으로 구성된다.
    ④ 모든 온수기에는 수량을 계량하는 플로우미터가 삽입되어 있다.

07. 다음 중 커피머신과는 별도로 온수 혹은 정수된 상수를 안정적으로 추출하기 위해 사용하는 머신은 무엇인가?
    ① 전기포트   ② 파우셋
    ③ 온수기   ④ 눈꽃빙수기

08. 다음 중 온수기에 대한 설명으로 가장 거리가 먼 것은 무엇인가?
① 자동으로 보일러 내부에 물이 채워진다.
② 물의 양과 온도를 변경할 수 있다.
③ 커피머신의 온도 유지를 위해 별도로 설치한다.
④ 연수필터를 통과시키지 않아야 수명이 오래간다.

09. 온수기를 구성하는 부품으로 옳지 않은 것은?
① 보일러 내부에 물을 채워주는 급수밸브
② 스케일 등의 문제를 감지하고 청소하는 스케일 제거 부품
③ 수위센서나 수위를 감지하는 부레와 같은 부품
④ 물을 끓이는 히터

10. 제빙기의 종류 중 고압의 응축가스를 물로 식혀 얼음을 생성하는 방식의 제빙기는?
① 버티칼식　　　　　　　② 큐브식
③ 수랭식　　　　　　　　④ 공랭식

11. 매장의 아이스 음료와 아이스 관련 메뉴를 만들기 위해 매장 내에서 얼음을 생성하고 보관하는 머신은 무엇인가?
① 그라인더　　　　　　　② 피처린서
③ 커피머신　　　　　　　④ 제빙기

12. 흔히 믹서기라고 부르며 얼음과 과일을 갈기 위해 사용하는 머신은 무엇인가?
    ① 블렌더　　　　　　　　　　② 그라인더
    ③ 빙삭기　　　　　　　　　　④ 전기포트

13. 다음 중 제빙기에 관한 설명으로 옳지 않은 것은?
    ① 수랭식은 팬 소음이 거의 나지 않으나 브랜드에 따라 워터펌프의 회전 부위를 팬의 용도로 사용하는 경우에는 소음이 발생할 수 있다.
    ② 수랭식은 고압가스가 방열판을 통과하면서 열을 방열판의 날개 부분으로 전달하고 내부 팬(fan)의 바람을 통해 그 열을 식히는 방식이다.
    ③ 공랭식은 방열판이나 방열판 앞쪽 에어필터에 먼지나 이물질이 쌓일 수 있다.
    ④ 수랭식은 물로 열을 식히는 방식이다 보니 수돗물의 소비가 많다는 단점이 있다.

 정답　01 ④　02 ③　03 ④　04 ①　05 ③　06 ④　07 ③
　　　　08 ④　09 ②　10 ③　11 ④　12 ①　13 ②

4 커피머신 수리

01. 다음 중 간접가열 방식 머신에서 커피 추출수 온도가 떨어지는 현상이 발생하는 원인으로 틀린 것은?
    ① 다른 그룹에서 커피를 추출하거나 물을 유출하는 경우
    ② 메인보일러의 온도가 떨어져 있는 경우
    ③ 플로우미터가 작동하지 않는 경우
    ④ 보일러 내에 온수를 사용하는 경우

02. 다음 중 스팀 생성이 안 될 경우 고장의 원인으로 틀린 것은?
    ① 2way 솔레노이드 급수 밸브의 단자가 빠져 있는 경우
    ② 보일러가 물로 가득 차 있는 경우
    ③ 수압계 바늘이 빠진 경우
    ④ 히터가 접점 불량일 경우

03. 커피 추출 시에 그룹헤드에서 누수가 발생할 때 점검해야 하는 부품은?
    ① 디퓨저　　　　　　　　② 플로우카운터
    ③ 가스켓　　　　　　　　④ 샤워스크린

04. 다음 정수기 관리 방법 중 틀린 것은??
  ① 정수기에 설치일자, 교체예정 일자를 표시한다.
  ② 여과필터는 색이 변해도 기능에 문제가 없다.
  ③ 매장의 정수 사용량을 예상하여 주기적으로 필터를 교체한다.
  ④ 과수압이 걸릴 경우 정수 능력 저하의 원인이 되므로 감압밸브를 유입라인에 설치해 주는 것이 좋다.

05. 커피머신의 펌프가 고장 났을 때 나타날 수 있는 증상으로 가장 거리가 먼 것은?
  ① 수압계의 바늘이 떨린다.
  ② 커피 추출 온수의 온도가 떨어진다.
  ③ 크레마가 없는 커피가 추출된다.
  ④ 펌프의 압력조절 나사를 돌려도 압력이 상승되지 않는다.

06. 다음 설명에 해당하는 고장 증상과 관련된 커피머신의 부품은?

> • 보일러 내에 물이 만수(滿水)가 되며, 외부로 누수가 된다.
> • 스팀이 생성되지 않는다.
> • 온수의 온도가 떨어진다.
> • 보일러 내로 냉수가 계속 유입된다.

  ① 2way 솔레노이드 급수 밸브
  ② 스팀 압력스위치
  ③ 펌프헤드
  ④ 히팅코일

07. 에스프레소 커피머신의 펌프의 고장으로 작동되지 않을 때 나타나는 현상 중 틀린 것은?
    ① 그룹헤드에서 물이 떨어진다.
    ② 낮은 압력으로 추출된다.
    ③ 커피 추출 시간이 길어진다.
    ④ 압력 조절이 불가능하다.

08. 다음 중 추출 시 펌프가 제대로 작동하지 않을 때 확인해 볼 수 있는 것으로 틀린 것은?
    ① 펌프의 압력조절 나사를 조절해 본다.
    ② 정수기가 막혀 있는지 확인한다.
    ③ 단수가 되었는지 확인한다.
    ④ 스팀 압력 스위치의 접점 상태를 확인한다.

09. 커피머신의 대기 상태에서 수압게이지가 '0'을 가리키고 커피 추출 시 소음이 발생할 경우 확인해야 하는 것 중 옳은 것은?
    ① 수도 밸브가 잠겼는지 확인한다.
    ② 누전 차단기를 확인한다.
    ③ 그라인더 입자를 확인한다.
    ④ 수위센서를 닦아 준다.

10. 작동하지 않음에도 추출구에서 물이 조금씩 흘러나올 경우 확인해야 할 부품은?
   ① 수위센서　　　　　　　② 커피밸브
   ③ 펌프헤드　　　　　　　④ 플로우미터

11. 커피 추출 시 압력에 변화가 없는 경우 확인해야 할 부품이 아닌 것은?
   ① 펌프모터　　　　　　　② 펌프헤드
   ③ 스팀밸브　　　　　　　④ 기동콘덴서

12. 스팀보일러에 일정 수위를 넘어 계속 만수(滿水)가 되고 있을 경우 관련 없는 상황은?
   ① 급수밸브에 이물질로 물이 계속 공급되고 있다.
   ② 수위센서에 스케일 등의 이물질로 오염되어 있다.
   ③ 커피밸브가 스케일 등의 이물질로 오염되어 있다.
   ④ 보드의 이상으로 급수밸브에 전기가 계속 공급되고 있다.

13. 히팅 불량일 경우 나타나는 증상으로 맞지 않는 것은?
   ① 대기상태에서도 그룹헤드에서 물이 떨어진다.
   ② 스팀게이지가 '0'을 가리키고 있다.
   ③ 보일러에 물이 부족해서 아직 히팅코일이 작동하지 않는 중이다.
   ④ 보일러에 물이 많이 들어가 오버플로우 상태이거나 히터 또는 릴레이가 불량일 수 있다.

14. 전원 불량일 경우 나타나는 증상과 대처방안으로 맞지 않는 것은?
   ① 커피머신에 전원이 들어오지 않을 경우 가장 먼저 누전차단기를 확인해야 한다.
   ② 간혹 차단기에 다른 콘센트를 같이 연결해 놓으면 과부하로 전기가 차단될 수 있다.
   ③ 전기가 차단됐을 경우 완전히 내렸다가 다시 올리는 방법도 시도하여야 한다.
   ④ 차단기 용량은 커피머신 용량에 딱 맞게 설치해야 한다.

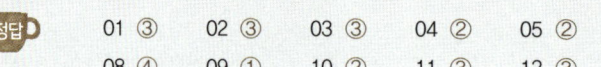

정답 01 ③ 02 ③ 03 ③ 04 ② 05 ② 06 ① 07 ①
      08 ④ 09 ① 10 ② 11 ③ 12 ③ 13 ① 14 ④

――― 커피머신 운용 및 수리
커피머신관리사

1판 1쇄 발행 2023년 1월 10일

지은이 (사)한국커피협회
펴낸이 강창범
펴낸곳 (주)커피투데이

출판등록 제2012-16호
주소 경기도 평택시 중앙2로 154-1
물류센터 070-7520-2114
홈페이지 www.coffeetoday.kr
전자우편 coffee2day@daum.net

가격 17,000원
ISBN 979-11-86627-23-5 (13570)

이 책은 저작권법에 따라 보호를 받는 저작물이므로 무단 전재와 복제를 금합니다.
이 책은 (사)한국커피협회와 (주)커피투데이의 독점계약으로 출간되었으므로 내용의 전부 또는 일부를 이용하려면 반드시 (사)한국커피협회와 (주)커피투데이의 서면 동의를 받아야 합니다.